Schriften des
Vereins zum Schutz der deutschen Goldwährung.
Band II.

# Die Währungs- und Bankreform in den Vereinigten Staaten von Amerika.

Im Auftrag des
Vereins zum Schutze der deutschen Goldwährung

von

**Dr. Max Prager.**

Berlin, 1900.
J. Guttentag, Verlagsbuchhandlung,
G. m. b. H.

# Inhaltsübersicht.

# Vorwort.

Nachdem in Deutschland durch das jüngst erlassene Münzgesetz der Schlussstein zu dem Bau unserer auf der Goldwährung beruhenden Geldverfassung gelegt worden ist, ist es von besonderem Interesse, die währungspolitische Entwicklung eines Landes zu verfolgen, welches fast gleichzeitig mit uns im Jahre 1873 den Uebergang zur Goldwährung beschlossen hat.

Wir haben keinen Grund mit dem Ergebnisse eines solchen Vergleichs zwischen beiden Ländern unzufrieden zu sein. Technische und politische Schwierigkeiten aller Art begleiteten die Durchführung der deutschen Geldreform. Es galt grosse Mengen Silbercurants abzustossen, das Staatspapiergeld zu beseitigen und gegen den Widerstand, welchen das Sonderinteresse zahlreicher Einzelstaaten entgegensetzte, eine einheitliche Regelung des Bankwesens zu schaffen; vor allem aber, ohne Unterstützung durch eine einheimische Goldproduktion einen hinreichenden Goldfonds anzusammeln, zu erhalten und mit den Jahren bedeutend zu vermehren. Alle diese Aufgaben sind in glücklicher Weise gelöst worden. Die Vereinigten Staaten dagegen waren zur Zeit ihres Uebergangs zur Goldwährung frei von dem »silbernen Buckel«, welcher Deutschland beschwerte und sie waren das erste Goldproduktionsland der Welt. Noch herrschte zwar der Zwangskurs, allein bei dem guten Kredit der Union hätte der allmählichen Einziehung des Papiergeldes kein Hindernis im Wege gestanden. Ebenso wäre eine befriedigende Lösung der Bankfrage an sich durchaus möglich gewesen. Künstlich gezüchtete populäre Vorurteile haben hier aber jeden Fortschritt aufgehalten und zu bedenklichen Experimenten geführt. Die Vereinigten Staaten sind daher noch weit vom Abschlusse ihrer Geldreform entfernt. Sie sehen vielmehr eine ganze Reihe schwieriger Aufgaben erst vor sich. Sie haben ihre Silber-, ihre Papiergeld- und ihre Bankfrage, und tausend Hindernisse und Schwierigkeiten, teils technischer, teils politischer Natur, stehen der gedeihlichen Lösung aller dieser Probleme im Wege. Mit dem jüngst erlassenen Reformgesetze vom 14. März 1900 ist zwar ein kleiner Fortschritt erzielt worden. Aber schon ist es wieder ein Gegenstand ernstlicher Erörterung, wie lange dieser Fortschritt Bestand haben wird.

Der Zweck vorliegender Schrift ist, dem deutschen Leser ein klares und wahrheitsgetreues Bild von dem gegenwärtigen Zustande der amerikanischen Geldverfassung und den Aufgaben und Mitteln, den bisherigen Erfolgen und künftigen Zielen der amerikanischen Währungs-und Bankreform zu geben. Möge dieselbe dazu beitragen, das Verständnis für die Wichtigkeit einer geordneten Währungs- und Bankverfassung bei uns zu fördern.

Es sei mir gestattet, Herrn Professor Dr. Huber in Stuttgart für die überaus liebenswürdige Unterstützung, die er mir durch seinen Rat und die Ueberlassung umfangreichen Materials hat zu teil werden lassen, auch an dieser Stelle herzlich zu danken. Den Herren Professor Dr. Laughlin in Chicago und Jesse Overstreet, Mitglied des Repräsentantenhauses der Vereinigten Staaten, dem Sound Currency-Komité des New-Yorker Reformklubs und dem Amte des amerikanischen Münzdirektors bin ich für die freundliche Unterstützung mit wertvollem Material ebenfalls zu grossem Dank verpflichtet.

München, den 15. September 1900.

Der Verfasser.

# I. Teil.

## Die geschichtlichen Grundlagen der heutigen Verfassung der Währung und des Bankwesens in den Vereinigten Staaten.

# I.

## 1792—1861.

Eine der ersten Aufgaben, die sich der neugegründete nordamerikanische Bundesstaat setzte, war die einheitliche Regelung des Geldwesens.

Die Zersplitterung, welche in dieser Hinsicht herrschte, war dem Handelsverkehr der einzelnen Kolonieen untereinander im höchsten Grade nachteilig gewesen. Abgesehen von Massachusetts und Maryland, welche vorübergehend eigene Silbermünzen schlugen, benützten die Kolonieen ausschliesslich Münzen fremden Gepräges, die auf den verschiedensten Münzfüssen beruhten. Von einem Münzsystem war unter diesen Umständen nicht einmal innerhalb der Grenzen einer einzelnen Kolonie die Rede. Alle seefahrenden Nationen der alten Welt stellten ihren Stammteil zu den Umlaufsmitteln der neuen.

Die grösste Verbreitung hatte der spanische Dollar oder Piaster. Er wurde der Reihe nach in sämtlichen Kolonieen eingeführt und häufig tarifiert, wobei das englische Pfund mit seiner Einteilung in 20 Schillinge zu je 12 Pence als Rechnungsgeld diente. Diese fortgesetzten Tarifierungen waren zum Teil notwendig, weil der Feingehalt der vorhandenen spanischen Dollarstücke, je nach der Prägungszeit, verschieden war, und weil die cirkulierenden Stücke, sei es durch natürliche Abnützung, sei es durch verbrecherische Manipulationen, allmählich an Güte verloren hatten; zum Teil erfolgten sie, weil die Kolonieen die Münzen aus den Nachbarkolonieen an sich zu ziehen strebten, indem sie dieselben höher als diese bewerteten. Dieser Münzwirrwarr wurde noch dadurch verschärft, dass einzelne Kolonieen von Zeit zu Zeit Papiergeld mit Zwangskurs emittierten und ihren Vorrat an Metallgeld an Nachbarkolonieen verloren, die im Augenblick gerade die Barzahlung aufrecht hielten.

Den ersten Schritt zur Besserung dieser Verhältnisse that die Verfassung. Sie verbot den Einzelstaaten, Papiergeld auszugeben und irgend etwas anderes als Gold und Silber zum gesetzlichen Zahlungsmittel zu machen. Die ausschliessliche Kompetenz zur Prägung und Tarifierung von Münzen übertrug sie der Bundesregierung.

Von dieser Ermächtigung wurde bald Gebrauch gemacht. Nach kurzer Vorbereitung kam am 2. April 1792 ein Münzgesetz zustande, welches das Geldwesen für die ganze Union einheitlich regeln sollte. Der Urheber dieses Gesetzes, wie so mancher anderen organischen Einrichtung des jungen Staatswesens, war Alexander Hamilton, der erste Schatzsekretär der Union.

Das Gesetz erhob an Stelle des englischen Pfundes, das seine Popularität seit dem Unabhängigkeitskriege verloren hatte, den Dollar zur Rechnungseinheit und führte gleichzeitig die Dezimalteilung ein.

Es inaugurierte eine reine Doppelwährung mit der Relation 1 : 15.

Der Silberdollar oder »Unit« — (ein Name, der sich nicht eingebürgert hat, aber später zu Missdeutungen Anlass gab) — erhielt einen Feingehalt von 371,25 grains bei einem Rohgewicht von 416 grains. Seine Teilstücke ($^1/_2$, $^1/_4$, $^1/_{10}$ und $^1/_{20}$ Dollar) waren der Hauptmünze an Schrot und Korn proportional und genossen in gleicher Weise Zwangskurs wie diese, waren also keine Scheidemünzen in unserem Sinne.

Die grösste Goldmünze war der »Adler« = 10 Dollars. Er enthielt 247,5 grains Feingold bei einem Rohgewichte von 270 grains. Weitere Goldmünzen waren der Halb- und der Viertelsadler.

Die kleinsten Münzen waren der Cent = 1/100 Dollar und der Halbcent. Sie wurden aus Kupfer ausgebracht.

Die Prägungen der amerikanischen Münzstätten waren bis 1820 sehr gering. Weitaus der überwiegende Teil des Umlaufs wurde nach wie vor durch Münzen fremden Gepräges gebildet. Hamilton hatte sich der Erwartung hingegeben, dass 3 Jahre Thätigkeit der neuerrichteten Münzstätte zu Philadelphia genügen würden, den ganzen Bedarf der Union an Umlaufsmitteln durch »nationale« Münzen zu decken. Allein immer und immer wieder musste die Frist erstreckt, musste die Tarifierung der fremden Münzen erneuert werden. Erst ein Gesetz vom 21. Februar 1857 hat alle in den V. St. cirkulierenden Münzen fremder Staaten ausser Kurs gesetzt.

Die erstrebte Vereinheitlichung des Geldwesens wurde also zuächst nur hinsichtlich des Rechnungsystems und der Tarifierung der fremden Münzen erreicht.

Das »nationale« Geld erhielt sich nur zu einem geringen Teil im Umlauf.

Namentlich wird schon frühzeitig von der Ausfuhr amerikanischer Goldmünzen nach England berichtet. »So leicht fliegen unsere Adler«, bemerkte dazu sarkastisch ein Kongressmitglied im Jahre 1798. Allein auch die Silberdollars, die nachmals so beliebten »Dollars der Väter«, wanderten grossenteils ins Ausland. In Westindien liefen zahlreiche spanische Piaster um, welche bei äusserer Aehnlichkeit die amerikanischen Silberdollars an innerem Gehalte übertrafen. Der amerikanische Dollar präsentierte sich aber infolge seiner Neuheit und seines stattlichen Gepräges den unkundigen Inselbewohnern als das begehrenswertere Geldstück. Sie gaben daher bereitwillig ihre wertvolleren spanischen Piaster dafür in Tausch. Da auf diese Weise der patriotische amerikanische Dollar, sobald er von der Münze kam, von den Geldhändlern ins Ausland geschickt wurde, verbot Präsident Jefferson im Jahre 1805 die fernere Ausprägung desselben. Bis dahin waren vom »Dollar der Väter« ganze 1439457 Stück hergestellt worden. Von 1805—1835 wurde nicht ein einziges Stück mehr geprägt.

Schon zu Beginn des 2. Jahrzehnts des 19. Jahrhunderts traten übrigens Verhältnisse ein, welche alles Metallgeld, gleichgiltig ob nationalen oder fremden Gepräges, aus dem Umlauf der Union vertrieben.

Von 1791—1811 hatte weder die Finanzgebahrung der Bundesregierung und der Einzelstaaten noch die Verfassung des Notenbankwesens die Währung störend beeinflusst, wesentlich dank der Existenz der Vereinigte-Staatenbank. Diese, gleichfalls eine Schöpfung Hamiltons, hatte sich während jener Zeit sowohl als centrales Noteninstitut, wie als Kassenagentin der Bundesregierung aufs Beste bewährt. Trotzdem scheiterte der Plan der Erneuerung ihres Freibriefes an politischen Hindernissen. Ausländisches, vorwiegend englisches, Kapital war an der Bank stark interessiert und das machte das Institut in einer Zeit wachsender politischer Entfremdung zwischen der Union und England unpopulär. Die Einzelstaaten hatten aber nur auf den Sturz der grossen Centralbank gewartet (die mächtig genug gewesen war, unerwünschte Bankgründungen niederzuhalten), um eine Menge kleiner Notenbanken ins Leben zu rufen. An der Ausgabe von Papiergeld hinderte sie das strikte Verbot der Verfassung; nichts stand dagegen im Wege, durch massenhafte Notenbankgründungen »Geld billig« zu machen.

Nach Crawford waren zu Beginn des 19. Jahrhunderts in den Vereinigten Staaten — einschliesslich der Vereinigte-Staatenbank — 28 Notenbanken mit einem Notenumlauf von 10500000 Dollars und einem Metallschatze von 17500000 Dollars vorhanden, — angesichts des Umstands, dass nach Schätzung Hamiltons vor Ausbruch des Unabhängigkeitskrieges der gesamte Geldvorrat der Staaten aus 8 Millionen Dollars Metall und 30 Millionen Dollars Papier zusammengesetzt war, ein sehr befriedigender Zustand.

Im ersten Jahrzehnt des 19. Jahrhunderts war keine wesentliche Verschlimmerung dieses Zustands eingetreten. Die Notenbankgründung hielt sich innerhalb rationeller Grenzen. Im Jahre der Liquidation der Bundesbank (1811) waren nach Crawford 88 Notenbanken mit einem Notenumlauf von 22700000 Dollars und einem Barvorrat von 30000000 Dollars in Thätigkeit.

Von da ab vollzogen sich jedoch die Notenbankgründungen in ganz anderem Tempo. Nach Gallatin wurden

1811—1814 120 neue Banken inkorporiert. Der Notenumlauf, welchen Crawford für das Jahr 1813 auf 62—70 Millionen Dollars berechnet hatte, war 1815 nach seiner Schätzung auf 100—110 Millionen Dollars gestiegen. Die Wertabschnitte dieser Banknoten gingen herunter bis 6 Cents. Betrug und Fälschung aller Art waren hervorstechende Merkmale des Zettelgeschäfts.[1])

Während so die Einzelstaaten durch massenhafte Incorporierung von Banken das Geldwesen fortgesetzt verschlechterten, trugen die finanziellen Schwierigkeiten, in welche die Bundesregierung nach Ausbruch des Krieges mit England (12. Januar 1812) geraten war, das ihrige dazu bei, die Währung vollends zu vernichten. Zwar wurde kein Papiergeld mit Zwangskurs ausgegeben — dies galt damals noch für verfassungswidrig —, aber die 36680794 Dollars Schatzanweisungen, welche in der Zeit vom 30. Juni 1812 bis 24. Februar 1815 zur Ausgabe gelangten, reichten im Verein mit den Banknoten hin, das Metallgeld aus dem Umlauf zu verdrängen, zumal die Regierung die Annahme dieser Scheine auf mannigfache Art zu erzwingen wusste.

Auch nach Beendigung des Krieges blieben die Barzahlungen noch lange suspendiert. Erst nachdem das Land in rascher Folge — 1817 und 1819 — zwei schwere Wirtschaftskrisen durchgemacht hatte, traten allmählich wieder normale Verhältnisse ein. Wesentlich erleichtert wurde die Wiederaufnahme der Barzahlungen durch die Errichtung einer neuen Bundesbank, die am 7. Januar 1817 inmitten der Krisis ins Leben trat.

Kaum war nach mehr als 7 jähriger Unterbrechung die metallische Währung wiederhergestellt, so ergab sich eine neue Schwierigkeit. Das Gold begann ins Ausland abzufliessen und war mit Ausgang der zwanziger Jahre aus dem Umlauf der Union nahezu verschwunden. Die Ursache, welche auch bald erkannt wurde, lag in der amerikanischen Münz-

---

[1]) Die Spottnamen »Schienbeinpflaster«, »Rothunde«, »Wildkatzen« u. dgl. geben einen Begriff von der Beliebtheit, deren sich die Banknote zu dieser Zeit erfreute. Das Notenemissionsgeschäft bestand wesentlich darin, Banknoten in Umlauf zu bringen und Anstalten zu treffen, dass sie nur spät oder niemals zur Einlösung präsentiert werden konnten.

relation. Obwohl die Relation 1 : 15 zur Zeit ihrer Einführung (1792) den Marktpreisen der Edelmetalle besser entsprochen hat als irgend eine andere gesetzliche Relation, das »normale« 1 : 15 1/2 nicht ausgenommen, so war diese Uebereinstimmung doch nur von kurzer Dauer. Nach Soetbeer war das Wertverhältnis der Edelmetalle 1793 genau 1 : 15. Von da ab änderte es sich beständig zu Gunsten des Goldes, welches 1799 bereits 15,74 mal wertvoller war als das Silber. Während der ersten fünf Jahrzehnte des neunzehnten Jahrhunderts — mit Ausnahme der Jahre 1814 und 1817 — fiel dann die Relation nicht mehr unter 15,26. Diese Differenz zwischen Münz- und Marktpreis der Edelmetalle war es, was seit 1819 das Gold aus dem amerikanischen Umlauf vertrieb.

Der Gedanke einer Münzreform, mit der Absicht, Gold wieder ins Land zu bringen, wurde bald um so populärer, als eine starke Bewegung gegen Notenbanken und Banknoten infolge des »Bankkrieges« des Präsidenten Jackson ins Leben getreten war. Dieser war, insbesondere nach seiner im Jahre 1832 erfolgten Wiederwahl, eifrig bemüht, die zweite Vereinigte-Staatenbank, die er — mit Recht oder Unrecht — politischer Umtriebe gegen ihn und seine Partei bezichtigte, mit aller Gewalt zu vernichten. Als ein Hauptmittel dazu betrachteten die Anhänger des Präsidenten die Schaffung eines ausgiebigen Goldumlaufs. Gold ist tragfähiger als Silber, — so argumentierte Benton — es circuliert darum leichter und lässt dem »weichen Geld« — den Banknoten — keinen so grossen Spielraum.

Fördernd wirkte auf die solchergestalt ins Leben gerufene »Goldbewegung« auch der Umstand, dass gerade um diese Zeit in einigen Südstaaten der Union, insbesondere in Nordcarolina und Georgia, die Goldproduction einen schwachen Aufschwung genommen hatte. Auch mögen die wichtigen Handelsbeziehungen zu dem Goldwährungslande England nicht ohne Einfluss gewesen sein.

Unter der Devise »hartes Geld« und »heimischer Markt« kam so die Goldbill vom 28. Juni 1834 zustande.

An die Stelle der Relation 1 : 15 trat nun die Relation 1 : 16. Die Münzreform wurde in der Weise durchgeführt, dass der Silberdollar und seine Teilstücke unverändert blieben,

Schrot und Korn der Goldmünzen dagegen verändert wurden. Der neue Goldadler enthielt 232 (statt 242,75) grains. Das Rohgewicht betrug 258 (statt 270) grains.

Durch ein späteres Gesetz vom 18. Januar 1837 wurde der Feingehalt des Goldadlers um 0,2 grains erhöht, um Schrot und Korn in das Verhältnis von 900 : 1000 zu bringen.

Zu demselben Zwecke wurde durch das gleiche Gesetz das Rohgewicht des »Dollars der Väter« — unter Beibehaltung des Feingewichts von 371,25 grains — von 416 auf 412½ grains herabgesetzt. Dieser Dollar (der übrigens nicht, wie heutzutage in den Vereinigten Staaten allgemein irrtümlich angenommen wird, der Relation »1 : 16«, sondern einer Relation 1 : 15,99 entspricht), ist der Ahne der heutigen Bland- und Shermandollars.

Die Goldbill erfüllte zunächst die Hoffnungen der Hartgeldmänner nicht. All die gewaltsamen Massregeln, welche Jackson aus Hass gegen die Bundesbank und gegen das weiche Geld ergriff, die plötzliche Entziehung der Regierungsdepositen von der Bundesbank im Herbste des Jahres 1833 und die unvermittelte Transferierung so gewaltiger Kapitalien auf eine Reihe kleiner Bankinstitute — die »pet banks« —, das sogenannte »specie circular«, das mit einem Schlage alle Banknoten in Verruf erklärte, indem es die Staatsbeamten anwies, bei Entgegennahme von Zahlungen seitens der Käufer öffentlicher Ländereien nur Metallgeld anzunehmen, führten im Jahre 1837 eine Wirtschaftskrisis grössten Stils herbei.

Wie die Pilze waren die Notenbanken emporgeschossen, seitdem die Regierungsdepositen der grossen Bundesbank entzogen worden waren. Die Ueberweisungen von Bundesüberschüssen (welche infolge der Einnahmen aus den Zöllen und den Landverkäufen seit 1835 fortgesetzt im Steigen begriffen waren), an die Einzelstaaten hatten diesen bequeme Mittel zur Förderung aller Arten von speculativen Unternehmungen, insbesondere von Bankgründungen, an die Hand gegeben, welche man euphemistisch als »innere Verbesserungen« bezeichnete.

In den geschäftlichen Ruin, welcher sich infolge der Krisis von 1837 einstellte, wurden denn auch auffallend viele

Bankinstitute hineingezogen. Selbst in Neuengland, das in der kritischen Periode während des Krieges von 1812—1814 sich im Verhältnis zu den übrigen Bundesstaaten geordneter Zustände des Bankwesens erfreut hatte, fallierten zahlreiche Banken. In den sieben Jahren, welche der Krisis von 1837 nachfolgten, kamen in den Neuenglandsstaaten nicht weniger als 32 Bankinstitute in Konkurs; ebensoviele waren in dem einen Jahre 1836 neu gegründet worden, und elf von diesen Neugründungen befinden sich unter jenen 32 Instituten, welche fallierten. Auch die zweite Vereinigte-Staatenbank, die sich, nachdem ihre Verbindung mit der Union gelöst war, am 18. Februar 1836 einen neuen Freibrief vom Staate Pennsylvanien hatte erteilen lassen, nahm ein unrühmliches Ende. Sie hatte sich, gerade als ob sie nachträglich alle Anfeindungen hätte rechtfertigen wollen, welchen sie während ihres Kampfs ums Dasein als Bundesbank ausgesetzt war, an allen ungesunden Unternehmungen in der Union beteiligt.

Die Krisis von 1837 hatte wichtige Reformen zur Folge. Die Verluste, welche die Bundesregierung dadurch erlitt, dass einzelne der kleinen Banken, bei welchen Regierungsgelder deponiert worden waren, in Konkurs gerieten, gaben Veranlassung, die Depositen den »pet banks« wieder zu entziehen. Van Buren, der Nachfolger Jacksons, war ein noch fanatischerer Feind des Notenwesens als jener. Er wollte nicht nur die staatliche Kassenverwaltung für immer aus aller Verbindung mit den Banken gelöst wissen, sondern verlangte grundsätzlich, dass das Schatzamt nichts anderes als Gold und Silber in Zahlung nehmen und das vereinnahmte Geld bis zur Wiederausgabe in seine Keller einsperren solle. Der Gedanke der Wiedererrichtung einer Bundesbank fand nur bei den Whigs (den Vorläufern der heutigen Republikaner) schwache Vertretung, während die Demokraten überwiegend das Jackson'sche System der Hinterlegung der Regierungsdepositen bei Privatbanken erhalten wissen wollten. Das Resultat dieser Kämpfe war die sogenannte Subtreasurybill, welche am 4. Juli 1840 Gesetzeskraft erlangte, im darauffolgenden Jahre widerrufen, aber durch das Gesetz vom 6. August 1846 dauernd wiederhergestellt wurde. In

Washington und neun[1]) andern Hauptplätzen der Union wurden eigene Schatzämter eingerichtet, welche bis zum Inkrafttreten des Nationalbankgesetzes (1863) auschliesslich die Kassengeschäfte des Bundesfiskus vermittelten.

Auch auf dem Gebiete der Bankgesetzgebung führte die Krisis von 1837 zu zahlreichen Reformen. Führend war dabei für die meisten Einzelstaaten das Beispiel von New-York. Dort war unter dem Eindruck der Krisis eine heftige Bewegung gegen alle staatlich privilegierten Banken entstanden. Diese Bewegung war auf Einführung voller Gewerbefreiheit auch für das Zettelgeschäft gerichtet. Andererseits stellte sich als naturgemässe Reaktion auf die eben gemachten Erfahrungen das Bestreben ein, das Notenemissionswesen mit besonderen Garantien zu umgeben. So kam am 18. April 1838 in New-York das sogenannte Bankfreiheitsgesetz zustande. Es statuierte, dass jeder Einzelbankier und jede beliebige Anzahl von Personen, die sich zum Betrieb einer Bank zusammenthaten, gewisse Bankgeschäfte, insbesondere die Notenemission, betreiben durften. Für Bankvereine war ein Mindestkapital von 100000 Dollars vorgeschrieben. Die Mitglieder des Bankvereins hafteten persönlich bis zum Betrag ihres Anteils am Grundkapital, Einzelbankiers unbeschränkt mit ihrem ganzen Vermögen. Die Notenausgabe war jeder Bank gegen Hinterlegung von Staatsschuldverschreibungen der Union oder eines Einzelstaates oder auch von Hypothekenbriefen beim Kontroleur des Geldumlaufs in New-York bis zum vollen Nominalbetrag der Wertpapiere gestattet. Diese dienten als spezielles Pfand zur Sicherung der Notengläubiger und wurden im Konkurse event. zu Gunsten der letzteren veräussert.

Die wichtige Neuerung dieses Systems bestand darin, dass es die Erlangung der Korporationsrechte für Bankvereine nicht mehr von der staatlichen Genehmigung, sondern von der Erfüllung bestimmter Normativbedingungen abhängig machte.

So schlecht sich das System von vornherein bewährte — nicht weniger als 92 freie Banken fallierten gleich in den ersten fünf Jahren nach Erlass des Gesetzes von 1838 und

---

[1]) Nunmehr sind es zwolf; am wichtigsten ist das Unterschatzamt in New York.

die Notengläubiger erlitten die empfindlichsten Verluste, da einzelne Staaten um diese Zeit ihre Schulden einfach repudiierten oder zu repudiieren drohten —, so grosse Verbreitung hat es in den Vereinigten Staaten gefunden. Ohio ahmte das New-Yorker Vorbild im Jahre 1851 nach, Illinois, Indiana, Wisconsin und andere Staaten folgten bald nach. Als dann im Jahre 1863 ein einheitliches Bankgesetz für die ganze Union erlassen wurde, schloss man sich naturgemäss an das New-Yorker System als das in der Union verbreitetste an.

So schwer auch die Katastrophe war, welche im Jahre 1837 wesentlich infolge Jacksons verkehrter Bank- und Finanzpolitik über die Union hereingebrochen war, so wurden doch diesmal die Barzahlungen in verhältnismässig kurzer Zeit wieder aufgenommen. Das Gold, welches bei der nunmehrigen amerikanischen Münzrelation stark überwertet war, strömte in die Vereinigten Staaten ein, und bald war der amerikanische Geldumlauf mit Goldmünzen gesättigt. Gleichzeitig begann freilich das Silber aus dem Umlaufe zu schwinden, insbesondere das neugeprägte amerikanische Silbergeld, während die durch langjährigen Gebrauch abgenützten Münzen fremden Gepräges sich länger im Umlaufe erhalten konnten. Nach Entdeckung der kalifornischen Goldfelder, welche ihre Schätze zuerst in die zunächst gelegenen amerikanischen Münzstätten entsendeten, ging die Doppelwährung vollends in die Brüche und bald war das Silber praktisch aus dem amerikanischen Geldumlaufe verschwunden. Alsbald stellte sich auch das Bedürfnis nach einer Münze ein, welche die Rechnungseinheit, den Dollar, in dem nunmehr alleinherrschenden Währungsmetalle, dem Golde, repräsentierte. Ein Gesetz vom 3. März 1849 führte den Golddollar und gleichzeitig eine zweite neue Goldmünze, den Doppeladler (= 20 Dollar), in das Münzsystem der Union ein. Durch Gesetz vom 21. Februar 1853 wurde auch ein Dreidollarstück eingeführt[1]). Diese neuen Goldmünzen, von denen die eine wegen ihrer Kleinheit, die andere wegen ihrer Grösse erhebliche münztechnische Mängel besitzt, befreiten endlich

---

[1]) Dieses, ebenso wie das Eindollarstück wird seit 1890 nicht mehr geprägt.

den Geldumlauf der Union von den fremden Münzen und machten ihn zu einem nationalen. Erst von nun ab erreichen die Prägeziffern der amerikanischen Münzstätten beträchtlichere Summen und bleibt das dort geprägte Geld dem inländischen Umlaufe erhalten.

Das Münzgesetz vom 2. April 1792 hatte, wie erwähnt, die Teilstücke des Dollars proportional mit demselben Schrot und Korn ausgerüstet, wie den Silberdollar. Aus diesem Grunde verschwanden diese Teilstücke ebenso aus dem Umlaufe, wie die Hauptmünze. Um dem Verkehr das dringend benötigte Silberkleingeld zu verschaffen, wurde daher durch Gesetz vom 21. Februar 1853 der Feingehalt der Teilstücke des Silberdollars um 7 % herabgesetzt, das Freiprägungsrecht für die Teilstücke des Dollars aufgehoben und die Zahlkraft der neuen Scheidemünze auf Beträge bis zu 5 Dollars eingeschränkt. De facto herrschte seit dieser Zeit in den Vereinigten Staaten, wie in England, die reine Goldwährung mit Subalternisierung des Silbers.

Im Jahre 1857 wurde das Land abermals von einer schweren Wirtschaftskrisis heimgesucht. Wiederum fallierten zahlreiche Bankinstitute. Allein bereits hatte sich das Depositenwesen zu solcher Blüte entfaltet [1]), dass die heftigen Anklagen, welche Präsident Buchanan gegen die Banknoten schleuderte, nur noch aus dem Vorurteile erklärlich sind, das aus der Zeit des Jackson'schen Bankkrieges hergebracht war.

[1]) Bereits 1853 war in New-York das erste amerikanische Clearinghaus errichtet worden, und der Checkverkehr bürgerte sich in den verkehrs- und kapitalreicheren Teilen des Landes rasch ein. Allmählich entstanden neben dem New-Yorker auch an anderen Hauptplatzen Clearinghäuser. New-Yorks überwiegende Bedeutung für den amerikanischen Geldmarkt zeigt sich jedoch auch heute noch darin, dass das dortige Clearinghaus bedeutend mehr umsetzt, als alle übrigen 67 Clearinghauser zusammengenommen.

## II.

## 1861—1878.

Das Jahr 1861 bezeichnet einen Wendepunkt in der amerikanischen Währungs- und Bankgeschichte.

Die ersten dringenden finanziellen Anforderungen, welche der Bürgerkrieg an das Schatzamt der Nordstaaten stellte, wurden im Wege der Anleihe befriedigt. Schon das Anleihegesetz vom 16. Juni 1861 gestattete jedoch die Ausgabe von 50 Millionen Dollars sogen. »demand notes«, welche zwar noch kein Papiergeld im eigentlichen Sinne waren, — sie hatten keinen Zwangskurs —, aber auch nicht viel davon verschieden waren, weil sie faktisch den Banken und dem Publikum aufgezwungen wurden. Schon am 27. Dezember 1861 waren denn auch die Banken genötigt, die Barzahlungen einzustellen, und die Regierung folgte am 1. Januar 1862 nach.

Da bei den anfänglichen Misserfolgen der Nordstaaten der Kredit der Union im Auslande sehr gering war, zwang die Notwendigkeit, die zur Führung des Krieges erforderlichen Mittel aufzubringen, bald zur Ergreifung drastischer Mittel.

Der Schatzsekretär Chase legte dem Kongresse zwei Finanzpläne vor. Nach dem einen sollten die Kosten des Krieges durch Ausgabe eines in Metallgeld (Coin) einlösbaren Papiergeldes bestritten werden. Der zweite, vom Schatzsekretär besonders empfohlene Plan erstrebte eine Verbesserung des Staatskredits durch eine radikale Umgestaltung des Notenbankwesens nach dem Vorbilde des New-Yorker Bankgesetzes von 1838. Auf diesem Wege sollte den künftigen Kriegsanleihen ein bequemer Markt im Inlande gesichert und das Interesse der grossen Kreditinstitute mit demjenigen der Regierung verknüpft werden. Als mehr untergeordneter Nebenzweck kam die Vereinheitlichung des sehr buntscheckigen Zettelwesens in Betracht.

Während dieser Bankreformplan noch im Kongresse diskutiert wurde, traten finanzielle Anforderungen an die Regierung heran, welche zur sofortigen Ausgabe von Staatspapiergeld mit Zwangskurs führten. An Stelle der Bankbill trat am 25. Februar 1862 eine »Legaltenderbill«. Die Regierung wurde damit zur Ausgabe von 150 Millionen Dollars sogenannter »Vereinigte - Staatsnoten« ermächtigt, welche Zwangskurs geniessen sollten. Nur die Zinsen der Staatsschuld sollten nach wie vor in Gold bezahlt werden. Um die Regierung hierzu zu befähigen, wurde die Zahlung der Zölle in Gold verlangt. Man hielt den Zwangskurs nahezu allgemein für verfassungswidrig und war weit davon entfernt, das unter dem Drucke der äussersten Not geschaffene Papiergeld als eine dauernde Einrichtung, geschweige denn als einen Gewinn für die amerikanische Volkswirtschaft zu betrachten.

Die Bedürfnisse des Krieges, der täglich ca. eine Million Dollars verschlang, während sich die Regierungseinnahmen nur auf ca. 380000 Dollars beliefen, führte schon kurze Zeit nach Erlass der ersten Legaltenderbill am 11. Juli 1862 zur Ausgabe von weiteren hundertfünfzig Millionen Dollars Papiergeld. Ein drittes Gesetz, das den Schatzsekretär zur Ausgabe einer gleichen Summe Papiergeldes ermächtigte, fand am 3. März 1863 im Kongress Annahme. Im Ganzen waren nunmehr vierhundertfünzig Millionen Dollars eigentliches Papiergeld gesetzlich zugelassen d. h. ebensoviel, als vor Ausbruch des Bürgerkrieges der gesamte Geldvorrat der ganzen Union einschliesslich der Banknoten ausgemacht hatte. Kein Wunder, dass sich dieses Papiergeld in kürzester Frist stark entwertete und alles vorhandene Metallgeld aus dem Umlauf vertrieb. Nicht einmal die Scheidemünze blieb erhalten, obwohl das erste Legaltendergesetz aus dieser Rücksicht keine Notenabschnitte unter 5 Dollar zugelassen hatte. Ein Gesetz vom 30. Juli 1864 bestimmte, dass die Menge des ausgegebenen Papiergelds, das vom Volkswitz im Hinblick auf die grüne Rückseite der Scheine »Greenback« getauft worden war, den Betrag von 400 Millionen Dollars thunlichst nicht übersteigen sollte. Nur zum Zwecke der Verminderung der schwebenden Schuld sollte jene Grenze überschritten und die Reserve von 50 Millionen Dollars ganz oder zum Teil emittiert werden dürfen.

Inzwischen war auch der Bankreformplan des Schatzsekretärs Chase wieder aufgenommen worden. Nach längeren Verhandlungen fand am 25. Februar 1863 ein von dem nachmaligen Schatzsekretär John Sherman verfasster Entwurf die Billigung des Kongresses. Die Staatenbanken, welche während des Kalenderjahres 1862 ihren Notenumlauf von 130 Millionen auf 167 Millionen Dollars gesteigert hatten, standen der Bankreform unfreundlich gegenüber und machten von der Ermächtigung, in das neugeschaffene System einzutreten und sich in »Nationalbanken« zu verwandeln, wenig Gebrauch. Diese Abneigung der Banken lag zu einem erheblichen Teile an einzelnen, wenig zweckmässigen Bestimmungen des Gesetzes selbst. Dieses wurde denn auch schon am 3. Juni 1864 einer Revision unterzogen und in wichtigen Punkten abgeändert. In seiner neuen Fassung hatte das »Nationalbankgesetz« im wesentlichen folgenden Inhalt:

Zur Gründung einer Nationalbank ist die Beteiligung von mindestens fünf Personen, welche bis zum Betrage ihres Anteils am Grundkapital auch persönlich haften, erforderlich. In Städten von 6000 bis 50000 Einwohnern ist ein Grundkapital von mindestens 100000, in Städten von mehr als 50000 Einwohnern ein solches von mindestens 200000 Dollars vorgeschrieben. Nur in Städten unter 6000 Einwohnern dürfen Nationalbanken mit weniger als 100000 — doch nicht unter 50000 Dollars — Kapital gegründet werden.

Bevor eine Bank ihre Geschäfte beginnt, hat sie einen mindestens 30 % ihres Grundkapitals gleichkommenden Betrag in Bundesobligationen (Bonds) beim Schatzmeister der Vereinigten Staaten zu hinterlegen. Bis zum Betrage von 90 % des Nominalwertes der hinterlegten Bonds ist es ihr dann gestattet, Banknoten zu emittieren. Banken[1]) mit

[1]) Dies wurde durch Gesetz vom 3. März 1865 bestimmt.

weniger als 50000 Dollars Grundkapital dürfen bis zu 90 % des letzteren, Banken mit mehr als 50000 Dollars aber weniger als 1000000 Dollars Grundkapital bis zu 80 %, Banken mit mehr als 1000000 Dollars Grundkapital bis zu 75 %, Banken mit mehr als 3000000 Dollars Grundkapital bis zu 60 % emittieren. Die hinterlegten Bonds dienen im Konkurse der Bank zur abgesonderten Befriedigung der Notengläubiger, die ausserdem ein Konkursvorrecht vor allen übrigen Gläubigern besitzen. Jede Bank hat ihre eigenen Noten in »gesetzlichem Gelde« einzulösen und die Noten anderer Banken in Zahlung zu nehmen. Ausserdem hat sie behufs Einlösung ihrer Noten an einem der grösseren Bankplätze eine Einlösungsagentur zu unterhalten.

Immobiliargeschäfte, namentlich Hypothekengeschäfte, sind den Nationalbanken verboten. Die Noten werden für sämtliche Banken von einer einheitlichen Stelle aus, dem Bundesamte für den Geldumlauf, das unter der Leitung eines Kontrolleurs steht, für sämtliche Banken gleichförmig hergestellt.

Dem Kontrolleur des Geldumlaufs sind weitgehende Aufsichtsbefugnisse eingeräumt. Er kann durch seine Kommissäre die Banken jederzeit inspizieren lassen, um sich so über die fortdauernde Beobachtung der gesetzlichen Bestimmungen zu vergewissern. In Uebertretungsfällen ist er zur Anwendung bestimmter Strafen, in schwereren Fällen namentlich auch zur Sperrung der Bank berechtigt. Die Banken haben fünfmal im Jahre dem Kontrolleur über ihren Status nach einem einheitlichen Schema schriftlichen Bericht zu erstatten und diesen Bericht gleichzeitig am Orte ihrer Niederlassung in einer Zeitung zu veröffentlichen. Die Banken an Provinzplätzen sind verpflichtet, 15 % ihrer Passiven — Noten und Depositen — in »gesetzlichem Gelde« gedeckt zu halten. $^3/_5$ dieser Reserven sind sie berechtigt in 17 bestimmten, sogenannten Reservestädten bei einer anderen Nationalbank zu hinterlegen. Die Nationalbanken in den Reservestädten ihrerseits sind verpflichtet, eine 25 prozentige Reserve zu halten, haben aber das Recht, die Hälfte davon in der Zentralreservestadt New-York bei einer dortigen Nationalbank zu hinterlegen. Der Gesamtnotenumlauf sämtlicher Banken darf den Betrag von 300 Millionen Dollars nicht übersteigen.

Auf Grund des vorstehend skizzierten Gesetzes wurden bis zum Ende des Jahres 1864 282 neue Notenbanken gegründet und 168 Staatenbanken in Nationalbanken umgewandelt. Bis 1. November 1865 war die Zahl der Nationalbanken durch Gründung neuer und mehr noch durch Umwandlung alter Notenbanken auf 1601 gestiegen und hatte damit die Ziffer der vor Ausbruch des Krieges vorhanden gewesenen Staatenbanken erreicht. Der Notenumlauf der Nationalbanken betrug Ende 1865 141 321 903 Dollars, während an Banknoten alten Stils noch 76 867 579 Dollars umliefen.

Aus diesen Ziffern ergiebt sich, dass das Nationalbankgesetz zur Erfüllung seines Hauptzwecks, die Aufnahme der Kriegsanleihen durch den inländischen Markt zu erleichtern, zu spät kam. Bevor das System ordentlich funktionierte, war der Krieg vorüber.

Nunmehr galt es, die anfänglich als Nebenzweck gedachte Vereinheitlichung des Zettelwesens zu verwirklichen. Dieses Ziel wurde auf sehr einfache Weise dadurch erreicht, dass man durch ein Gesetz vom 3. März 1865 die Notenemission derjenigen Staatenbanken, die sich hartnäckig weigerten, in das Nationalbanksystem einzutreten, mit einer prohibitiv wirkenden Steuer von 10 % belegte.

Das Nationalbanksystem war nach der Absicht seiner Schöpfer als dauernde Einrichtung, die Legaltendergesetze, waren dagegen nur als Notbehelfe für den Augenblick gedacht.

Sofort nach Beendigung des Krieges trat denn auch der Schatzsekretär Mc. Culloch in seinem Jahresbericht vom Dezember 1865 für eine allmähliche Einziehung der Greenbacks und für die Rückkehr zu den Goldzahlungen ein.

Einen Augenblick hatte es den Anschein, als sollten die Intentionen des Schatzsekretärs verwirklicht werden. Der Kongress erklärte am 18. Dezember 1865 fast einstimmig seine »herzliche Zustimmung zu dem Finanzplane des Schatzsekretärs.« Durch Gesetz vom 12. April 1866 wurde auch in der That ein Anfang mit der Verwirklichung dieses Planes gemacht. Mehr als 72 Millionen Dollars Greenbacks wurden eingezogen.

Allein alsbald erhob sich eine heftige Bewegung gegen jede weitere Kontraktion des Geldumlaufs. Die Preise waren infolge der kolossalen Entwertung des Papiergeldes während der Kriegszeit — das Goldagio war zeitweilig bis 284 % gestiegen — fortwährend angeschwollen und erlitten nunmehr bei der allmählichen Rückkehr zur Goldvaluta natürlich heftige Erschütterungen. Ausserdem hatte die Bequemlichkeit seiner Hantierung dem Papiergelde in den Kreisen des Volkes zahlreiche Freunde verschafft. Namentlich aber waren es die Schutzzöllner — allen voran H. C. Carey[1]) —, welche dem Papiergelde zahlreiche Anhänger warben. Sie erblickten in einer fortschreitenden Entwertung der Valuta den sichersten Schutz des heimischen Marktes gegen die ausländische, insbesondere gegen die verhasste englische Einfuhr. Endlich gehörten zu den Gegnern der Kontraktion namentlich auch die Arbeiter. Heute wissen wir auf Grund sorgfältiger Statistiken, dass trotz fortgesetzter Steigerung des Nominallohnes während der Kriegszeit die Kaufkraft der Löhne beständig gefallen war und sich erst mit der Hebung der Valuta langsam wieder zu heben begann. Damals beobachteten indessen die Arbeiter in den Vereinigten Staaten, von den Irrlehren der Inflationisten bethört, nur den absoluten Rückgang der Löhne, nicht aber die Steigerung ihrer Kaufkraft und fochten unter der Devise: »Unser Gott, unser Vaterland und unser Papiergeld« in den Reihen der Inflationisten, ihrer schlimmsten Feinde, mit.

Der erste Erfolg der inflationistischen Bewegung war ein Gesetz vom 4. Februar 1868, welches die fernere Einziehung der Greenbacks untersagte. Um diese Zeit waren 350 Millionen Dollars davon in Umlauf.

Der Präsidentschaftswahlkampf des Jahres 1868 war vom Währungsstreit stark beeinflusst. Mit Leidenschaft wurde für und gegen die Einziehung der Greenbacks gestritten. Besonders lebhaft wurde die Berechtigung der Regierung diskutiert, ihre nicht ausdrücklich auf Zahlung in Bargeld (»in coin«) lautenden Verbindlichkeiten — mit Greenbacks zu bezahlen.

1) Er hat den Inflationismus »wissenschaftlich« begründet; in der stofflichen Verfluchtigung der Umlaufsmittel, dem Uebergang von dem schweren zum leichten Gelde, »das nicht exportiert werden kann«, erblickt er nur ein Zeichen des allgemeinen Kulturfortschritts.

Die Wahl von Ulysses Grant entschied den Streit zu Gunsten der Gegner des Papiergelds.

Am 18. März 1869 erging ein Gesetz »zur Stärkung des öffentlichen Kredits.« Die Vereinigten Staaten erteilten darin ihren Gläubigern die feierliche Zusicherung, dass sie ihre gesamten Verbindlichkeiten, namentlich auch die Greenbacks — und zwar letztere so rasch als nur möglich — in klingender Münze einlösen würden.

Durch das Gesetz vom 4. Juni 1870 wurde die gesamte Staatsschuld konvertiert und ausdrücklich Zahlung »in coin« zugesichert. Mit der Abschaffung der Greenbacks hatte es noch gute Wege.

Während der Streit für und gegen das Papiergeld tobte, hatte die Entwicklung des Nationalbankensystems keine Fortschritte gemacht. Das Kontingent von 300 Millionen Dollars war im Jahre 1867 erreicht worden. Damit war der weiteren Ausdehnung des Notenumlaufs ein Riegel vorgeschoben.

Durch Gesetz vom 12. Juli 1870 wurde das Kontingent auf 354 Millionen Dollars erhöht und die Ungleichheit ein wenig gemindert, welche in der starken Bevorzugung der Oststaaten bei Verteilung des Kontingents gelegen war. Bis 1873 war das neue Kontingent ebenfalls erschöpft und damit die Entwicklung des Notenbankwesens abermals an einem toten Punkt angelangt.

Schon seit Ausgang der sechziger Jahre lag dem Kongress ein Gesetzentwurf vor, welcher sämtliche Münzgesetze im Hinblick auf die künftige Wiederaufnahme der Barzahlungen einer gründlichen Durchsicht unterzog. Die wichtigste Bestimmung dieser Bill, die am 12. Februar 1873 Gesetzeskraft erlangte, war die Streichung des Standardsilberdollars von der Liste der auszuprägenden Münzen.

Dies erschien zu jener Zeit niemandem als ein revolutionärer Akt. Seit 81 Jahren waren von dem Standardsilberdollar nur 8 Millionen Stück geprägt worden. Diese Münzen hatten seit Beginn der vierziger Jahre im Inlande fortdauernd Agio gegenüber dem Goldgelde gehabt und waren daher fast ausschliesslich als Handelsmünzen im Verkehr mit Ostasien verwendet worden. Für diesen Zweck hatten sie sich aber mehr und mehr als ungeeignet erwiesen, da in den betreffenden

Absatzgebieten der mexikanische Dollar wegen seines stattlicheren Umfangs bevorzugt wurde. Unter Billigung aller, welche sich für die Frage interessierten, wurde daher durch das Münzgesetz vom 12. Februar 1873 ein schwerer Handelsdollar von 420 grains Rohgewicht an Stelle des Standardsilberdollars von 412½ grains eingeführt[1]), und dieser letztere demonetisiert.

Das Gesetz hat den Silberdollar nicht auch in dem Sinne demonetisiert, dass es ihn des Zwangskurses beraubte. Er blieb auch nach diesem Gesetze »Währung« und wurde an der Ausübung dieser Funktion lediglich durch die Suspension der Barzahlungen — und sein Nichtvorhandensein verhindert. Erst sect. 3586 der Revised Statutes von 1874 hat ihm auch dieses nudum ius geraubt.

Das Münzgesetz von 1873 hat in keinem Stadium seiner parlamentarischen Behandlung besondere Beachtung seitens der öffentlichen Meinung gefunden. Daran ist nichts Auffallendes. Das Gesetz hatte keine aktuelle Bedeutung. Man erwartete nicht, dass die Barzahlungen in nächster Zeit wieder aufgenommen werden würden und interessierte sich darum wenig dafür, in welchem der beiden Edelmetalle die Aufnahme sich vollziehen sollte. Solange das »Ob« noch nicht einwandfrei entschieden war, kümmerte man sich wenig um das »Wie«?

Die gewaltige Wirtschaftskrisis, welche Ende 1873 zum Ausbruch kam, führte indessen eine raschere Entscheidung über die Frage der Wiederaufnahme der Barzahlungen herbei, als man noch zu Anfang des Jahres 1873 hatte erwarten können.

Die grosse und anhaltende Depression, welche der Panik nachfolgte, begleitet von einem neuerlichen heftigen Preissturz, gab zunächst der inflationistischen Bewegung neue Nahrung.

In weiten Kreisen war man überzeugt, die Krisis sei nur durch einen Mangel an Umlaufsmitteln erzeugt worden und mancher, der während derselben zu Fall gekommen war, glaubte

---

[1]) Durch ein Redaktionsversehen, welches erst einige Jahre später bemerkt und berichtigt wurde, erhielt der Handelsdollar neben den übrigen Silbermünzen Kurs bis 5 Dollar.

nur zu bereitwillig an die Lehre, dass es den Bürgern der Union an dem nötigen Geldvorrat »per capita« mangle.

Vermehrung des Papiergeldes und der Banknotenmenge wurden daher bald populäre Forderungen.

Zunächst wurden freilich die Nationalbanken Gegenstand heftiger Anfeindungen. Ihre Unfähigkeit, die Zirkulation entsprechend den gesteigerten Anforderungen während der Krisis auszudehnen, wurde in einem Mangel an gutem Willen auf seiten der Banken statt in den Mängeln des Gesetzes gesucht. Auch gab es viele Leute, welche es in dieser Zeit allgemeinen Bankrutts den Nationalbanken nicht verzeihen konnten, dass sie infolge der allmählichen Kurssteigerung der Bonds namhafte Gewinne gemacht hatten und fortdauernd machten, Gewinne, die ihnen das Bankgesetz geradezu aufzwang. Eine neugegründete Partei von Misvergnügten aller Art, deren Tendenz schon in ihrem Namen — »Partei der Greenbacker« — zum Ausdruck kam, verlangte daher die Abschaffung des »Monopols« der Nationalbanken und »die Ausgabe aller Umlaufsmittel durch die Regierung der Vereinigten Staaten.« In diesem Ansturm wider die Notenbanken erwachte der Geist Jacksons und seiner Leute zu neuem Leben. Nur war es diesmal das weiche, nicht das harte Geld, welches die Stelle der Banknoten einnehmen sollte.

Kaum war der Kongress im Winter 1873 zusammengetreten, so wurde auch die Währungs- und Bankfrage brennend.

Finanzpolitische Kurpfuscher überschütteten den Kongress mit Gesetzesvorschlägen aller Art.

Die beiden Kardinalfragen, über welche der Streit am heftigsten entbrannte, waren, ob und wann die Barzahlungen wieder aufgenommen werden und ob das System der Kontingentierung der Notencirkulation fortgesetzt werden sollte oder nicht.

John Sherman, einer der Führer der »Gutgeldpartei«, brachte eine Bill im Kongress ein, welche den Termin zur Wiederaufnahme der Barzahlungen auf 1. Januar 1876 festsetzte. Den Gegnern gelang es, diese Bill zu Fall zu bringen. An ihre Stelle setzten sie die sogenannte »Inflation Bill«. Die Greenbacks sollten von 356000000 Dollars wieder auf

400000000 Dollars gebracht, das Notenkontingent der Nationalbanken um weitere 46000000 Dollars erhöht werden, sodass an Greenbacks und Banknoten je 400000000 Dollars vorhanden gewesen wären.

Dieses Gesetz scheiterte jedoch am Veto des Präsidenten Grant. Bald darauf, am 20. Juni 1874, kam ein Kompromiss zustande.

Den Banken im Osten wurden 55000000 Dollars ihrer Notencirkulation entzogen und den bisher zurückgesetzten westlichen und südlichen Staaten zugeteilt.

Die Summe der Greenbacks wurde auf 382000000 Dollars limitiert.

Von dauernder Bedeutung waren namentlich folgende Aenderungen des Nationalbankgesetzes:[1])

Die gesetzlichen Reserven[2]) der Nationalbanken sollten fortan ausschliesslich zur Sicherung der Depositen und sonstigen Passiven — ausser Noten — dienen. Bei dem hohen Kursstande der Bonds schien eine weitere Deckung der Notengläubiger (neben dem Bondpfande) fortan entbehrlich.

Die Bestimmungen über die Noteneinlösung wurden radikal geändert.

Bisher hatten die Nationalbanken selbst ausschliesslich für die Einlösung ihrer Noten im ordentlichen Geschäftsgange Sorge getragen und zu diesem Zwecke besondere Einlösungsagenturen in gewissen Hauptplätzen unterhalten.

Künftighin sollte das Schatzamt mit seinen Filialen als gemeinsamer Einlösungsagent sämtlicher Nationalbanken fungieren.

Zu diesem Zwecke hinterlegt jede Bank 5 % ihrer Notenzirkulation in gesetzlichen Zahlungsmitteln beim Schatzmeister der Vereinigten Staaten und ergänzt dieses Depot auf Verlangen des letzteren jederzeit um den Betrag der vom Bundes-

---

[1]) Diesen Namen erhielt das Gesetz ubrigens erst gerade durch das Gesetz vom 20. Juni 1874. Der ursprüngliche Titel ist: »Ein Gesetz zur Schaffung eines nationalen Umlaufsmittels, gesichert durch ein Pfand bestehend aus Bonds der Vereinigten Staaten, und Bestimmungen uber Ausgabe und Einlösung desselben«.

[2]) s. S. 15.

fiskus eingelösten Noten. Die Noten werden dann vom letzteren der Ausgabebank wieder behändigt und können von Neuem in Umlauf gesetzt werden. Sind die Noten beschmutzt oder zerrissen, so werden sie von dem Bundeskassenamte dem Kontrolleur des Geldumlaufs behufs Ersatz durch neue Stücke ausgeliefert. Die Transport-, Sortierungs-, Druckkosten u. s. w. werden von der betreffenden Ausgabebank eingehoben.

Der 5 prozentige Noteneinlösungsfonds darf — unzweckmässiger Weise — in die Depositenreserve der Banken eingerechnet werden.

Gleichzeitig wurde die Elastizität des Notenumlaufs ein wenig verbessert.

Die Banken, welche ihre Zirkulation vermindern wollten, waren bisher genötigt gewesen, ihre Noten zu sammeln und dem Bundeskontrollamte in Summen von mindestens 1000 Dollars zu präsentieren. Dann erhielten sie, wenn kein sonstiger Hinderungsgrund vorlag, den entsprechenden Teil ihres Bonddepots zur freien Verfügung zurück. Das Sammeln der eigenen Noten war aber eine umständliche Sache für die Banken, und so war auch die Contraction des Notenumlaufs bisher ausserordentlich erschwert gewesen.

Künftig sollte es nun jeder Bank freistehen, gesetzliche Zahlungsmittel bis zu dem Betrage, den sie aus der Circulation zurükzuziehen beabsichtigte, beim Schatzamt zu hinterlegen. Sie erhielt hiegegen ihr entsprechendes Bonddepot zurück und hatte sich fortan um den betr. Teil ihrer Notenzirkulation nichts mehr zu kümmern.

Freilich war auch bei dieser Neuregelung die thatsächliche Contraction des Notenumlaufs noch schwerfällig genug. Denn einmal durfte keine Bank ihr Bonddepot unter 50000 Dollars vermindern. Sodann schloss die Hinterlegung gesetzlichen Geldes beim Schatzamte durch die Ausgabebank nicht aus, dass die »zurückgezogenen« Noten noch lange zirkulierten. Sie waren zum Tode verurtheilt, allein bis zur Execution konnte es noch lange dauern. Denn von da ab waren die Noten ja ganz besonders sicher. Die Vereinigten Staaten hafteten mit ihrem ganzen Kredit für die prompte Einlösung und hielten einen besonderen Fonds in Bereitschaft, mit welchem diese jederzeit bewerkstelligt werden konnte.

Nach wie vor blieb also das Notenwesen im höchsten Grade unelastisch. Eine wachsende »Bankfreiheitspartei« verlangte immer lebhafter die Beseitigung der Kontingentierung der Notenzirkulation, um eine Ausdehnung der letzteren zu ermöglichen.

Bald errang die »Gutgeldpartei« einen entscheidenden Sieg über die Inflationisten:

Am 14. Januar 1875 wurde beschlossen, die Barzahlungen wieder aufzunehmen, und als Termin der 1. Januar 1879 bestimmt. Das betreffende Gesetz ist in den Vereinigten Staaten unter dem Namen »Resumptionbill« bekannt.

Der Schatzsekretär wurde nunmehr ermächtigt, sofort einen entsprechenden Betrag an Silberscheidemünze prägen zu lassen und dagegen das kleine Papiergeld, die sogenannten »fractional notes« — an welchen 42 Millionen Dollars umliefen — einzutauschen.

Die Kontingentierung der Notenzirkulation wurde beseitigt.

Das Papiergeld sollte allmählich eingezogen werden, u. zw. sollten, um jede Contraktion zu vermeiden, Greenbacks im im Betrage von 80 % der zu erwartenden Vermehrung der Notenzirkulation zur Einziehung gelangen und eine Verminderung der Greenbacks unter 300000000 Dollars überhaupt nicht stattfinden.

Zum Zwecke der Wiederaufnahme der Barzahlungen wurde der Schatzsekretär ferner angewiesen, einen entsprechenden Goldfonds, nötigenfalls durch Aufnahme von Anleihen, in den Formen des Konvertierungsgesetzes vom 4. Juni 1870, zu beschaffen.

Die Erwartungen, welche man an die Aufhebung der Notenkontingentierung geknüpft hatte, erfüllten sich nicht.

Man hatte eine Zunahme der Notenzirkulation um mindestens 100000000 Dollars für wahrscheinlich gehalten. Denn nur unter dieser Voraussetzung konnten die Greenbacks von 382000000 Dollars auf 300000000 vermindert werden. Allein der hohe Preis der Bonds, welche mit jedem Tage, der die Wiederaufnahme der Barzahlungen näher rückte, an Wert gewannen, verhinderte nicht nur eine weitere Ausdehnung der Notencirculation, sondern verursachte im Gegenteil deren Rückgang. Die Banken fanden bei dem hohem Kursstande der Bonds ihren Vorteil darin, ihre Zirkulation zu verringern und die dadurch freiwerdenden Bonds, die sie seinerzeit unter pari erworben hatten, zu den gestiegenen Kursen zu veräussern.

Bis zum 31. Mai 1878 wurden im Ganzen 43000000 Dollars neue Noten ausgegeben und gleichzeitig 35800000 Dollars (80 %) Greenbacks und 31000000 Dollars alte Banknoten aus dem Umlauf gezogen. Es trat also aller Erwartung entgegen eine beträchtliche Contraction der Umlaufsmittel ein.

Kein Wunder, dass sich die ganze Erbitterung der Inflationisten fortgesetzt wider die Resumptionbill kehrte. Zweimal gelang es ihnen, das Repräsentantenhaus für den Widerruf des verhassten Gesetzes zu gewinnen. Allein alle diese Versuche scheiterten am Widerstande des Senates. Einen Erfolg erzielten die Inflationisten aber doch noch unmittelbar vor Aufnahme der Barzahlungen. Am 31. Mai 1878 brachten sie ein Gesetz durch, welches jede Einziehung von Greenbacks für die Zukunft untersagte.

Die Greenbacks sind seit diesem Tage ein für alle mal auf den Betrag, welcher damals gerade umlief — 346681016 Dollars —, festgelegt. Sie können vorübergehend (nachdem sie »in Münze« eingelöst wurden) in die Kasse des Schatzamts gelangen und dort auch so lange zurückgehalten werden, als es die finanzielle Lage gestattet. Allein dauernd ausser Kurs gesetzt oder eingezogen dürfen sie nicht werden.

Ursprünglich, als eine Ausgeburt der Not, nur mit Widerstreben eingeführt, war das Papiergeld im Laufe der Zeit zu einer Institution geworden, welche als ein Vermächtnis aus der grossen Zeit des Bürgerkriegs in manchen Kreisen fast heilig gehalten wurde.

Schon kurze Zeit nach Inkrafttreten der Resumptionbill war das Goldagio bedeutend gesunken und noch vor dem 1. Januar 1879 standen die Greenbacks al pari mit dem Golde.

Als am 1. Januar 1879 die Barzahlungen offiziell wiederaufgenommen wurden, war das Schatzamt der Vereinigten Staaten mit einem Goldfonds von ca. 133000000 Dollars ausgerüstet, wovon 92000000 Dollars im Wege der Anleihe beschafft worden waren.

## III.

### 1878—1896.

Ohne das Eingreifen der Gesetzgebung hätte sich die Wiederaufnahme der Barzahlungen auf der Basis der reinen Goldwährung vollzogen, und Schatzsekretär Sherman hatte seit 1876 mit grosser Umsicht die hierzu erforderlichen Vorbereitungen getroffen. Allein am 28. Februar 1878 erliess der Kongress ein Gesetz, welches die Goldwährungsbill von 1873 wieder teilweise rückgängig machte, die »Blandbill«. Dieses merkwürdige Gesetz wies den Schatzsekretär der Vereinigten Staaten an, monatlich für nicht weniger als 2 und nicht mehr als 4 Millionen Dollars Standardsilber anzukaufen und daraus Silberdollars von 412 $^1/_2$ grains Roh- und 375 grains Feingewicht prägen zu lassen. Diese Dollars sollten gleichen Zwangskurs geniessen wie die Goldmünzen.

Die Blandbill verdankte ihre Entstehung einem Kompromiss zwischen den Anhängern der »Gutgeldpartei« einerseits und den verbündeten Inflationisten und Silberinteressenten andererseits.

Der Silberpreis, welcher nach den Notierungen des Londoner Marktes zwischen 1853 und 1862 nicht viel von 61d abwich, war schon zwischen 1867 und 1872 auf etwas über 60d und dann, namentlich seit Dezember 1873, tiefer und tiefer gesunken, bis im Juli 1876 eine Panik auf dem Londoner Silbermarkte ausbrach und vorübergehend ein Preis von 46 $^3/_4$ d notiert wurde. In derselben Zeit hatte die amerikanische Silberproduktion von Jahr zu Jahr an Bedeutung gewonnen. Während die Vereinigten Staaten seit Entdeckung der kalifornischen Goldfelder das erste Goldproduktionsland der Welt geworden waren, war ihre Silberproduktion bis zum Beginn der sechziger Jahre sehr geringfügig gewesen. Seit dieser Zeit jedoch war sie fortgesetzt gestiegen. In der ersten Hälfte der 70er Jahre wurde die Big Bonanza des Comstock Lode erschlossen und es schien, als solle Nevada auf Jahre hinaus die Welt mit seinen Silberschätzen überfluten. Da kam der rapide Preissturz des Silbers und drohte den ansehnlichen Profiten, welche der Silberbergbau den Mineneigentümern bisher abgeworfen hatte, ein jähes Ende zu machen. Kein Wunder, dass diese in Unruhe gerieten und nach der Hilfe des Kongresses schrieen.

Am 24. und 25. April 1876 verlieh Senator Jones von Nevada, selbst einer der Hauptinteressenten, ihren Klagen im Kongress ausserordentlich wirksamen und geräuschvollen Ausdruck.

Er fand bald ein Echo bei den Inflationisten. An dem Widerruf der Resumptionbill verzweifelnd, wandten sie nun ihre ganze Sympathie dem Silber zu. War die Aussicht auf die papierne Inflation geschwunden, so sollte die metallische Ersatz bieten. Der Silberdollar war bei den herrschenden Marktpreisen der Edelmetalle ein viel »billigerer« Dollar als der Golddollar. Er wurde daher auf einmal ungeheuer populär gemacht und durch eine Reihe geschickt erfundener Räubergeschichten den Leuten, welche ihn nie gesehn und kaum von ihm gehört hatten, als der verloren geglaubte, aber glücklich wiedergefundene »Dollar der Väter«, als der allein amerikanische, verfassungsmässige und gerechte Dollar empfohlen. Das Münzgesetz vom 12. Februar 1873, welches dieses nationale Heiligtum ohne weitere Ceremonien zerstört hatte, erschien sofort als eines der verabscheuungswürdigsten Schandmäler der Geschichte aller Zeiten. Es war mit englischem Gelde erkauft, durch Betrug zur Annahme gebracht worden. Denn welcher Patriot hätte sonst geduldet, dass Hand an den Liebling Washingtons, Jeffersons und Jacksons gelegt worden wäre! Manche, die noch im Jahre 1873 ganz vernünftig über das Gesetz gesprochen hatten, unter ihnen der Referent, der es dem Repräsentantenhaus insbesondere im Hinblick auf die Einführung der Goldwährung empfohlen hatte, hielten es jetzt für passend, jede Beteiligung am Zustandekommen des Gesetzes, ja jede Kenntnis seines Inhalts abzuleugnen. Wer hätte sich in den Verdacht bringen wollen, an dem grossen »Verbrechen von 1873« beteiligt gewesen zu sein!

Mit einem agitatorischen Geschick ohnegleichen wurde so in erstaunlich kurzer Zeit eine mächtige Volksbewegung erzeugt und immer stürmischer die Wiedereinführung der Freiprägung des Silbers gefordert.

Mehrere Jahre wogte der Kampf um das Silberfreiprägungsrecht hin und her, bis die Blandbill einen vorläufigen Abschluss brachte.

Dieses Gesetz befriedigte, wie alle schlechten Kompromisse, keinen von den beiden Teilen, blieb aber volle 12 Jahre in Kraft. So bot sich der staunenden Welt die seltene Gelegenheit, ein währungspolitisches Experiment grössten Stiles zu beobachten.

Die Vereinigten Staaten kauften in diesen zwölf Jahren 291272018 Unzen Silber mit einem Kostenaufwande von 308279260 Dollars an und prägten daraus 378166793 Silberdollars. Der Silberpreis fiel in der gleichen Zeit von 54,31 d auf 42,49 d, während die Jahresproduktion von 2507000 kg auf 3902000 kg stieg.

Das wichtigste Ergebnis dieses interessanten Experiments kann man mit dem Schlagworte der »Ehrenrettung der hinkenden Währung« bezeichnen. Die Blandbill stellt eine Art Belastungsprobe dar, welche zeigt, bis zu welchem Grade eine Goldvaluta mit unterwertigem Silber beschwert werden kann, ohne in die Brüche zu gehen.

Durch das rasche Anwachsen der Bevölkerung und das Wiederaufleben des Unternehmungsgeistes war der Bedarf der Vereinigten Staaten an Umlaufsmitteln seit Ausgang der 70er Jahre ein fast fortgesetzt steigender.

Die Krisis von 1873 hatte einen neuen Zug nach dem Westen im Gefolge gehabt. Ungeheure Gebiete jungfräulichen Bodens wurden in Anbau genommen und Amerika schickte sich an, die europäischen Märkte mit seinem Weizen zu überfluten. Mit jedem Jahr wuchs die zur »Bewegung der

Ernte« d. h. zu ihrer Ueberleitung aus dem Besitz des Farmers in den des Händlers und Müllers nach dem Westen zu remittierende Bargeldmenge.

Wie sollte dieser wachsende Bedarf gedeckt werden?

Die Greenbacks waren auf eine feste Maximalsumme beschränkt.

Die Nationalbanken konnten die erforderlichen Umlaufsmittel auch nicht liefern. Selbst der Umstand, dass ein Teil der Staatsschuld in eine 3 prozentige umgewandelt und so die Bedingungen für eine Vermehrung der Notenzirkulation verbessert wurden, führte nur eine unbedeutende Steigerung des Notenumlaufs herbei! Der letztere wuchs von 301 Millionen Dollars in 1878 auf 320 Millionen Dollars in 1881, um von da an fortgesetzt zu schwinden.

Ohne die Blandbill wären die Vereinigten Staaten also ausschliesslich auf den Zufluss von Gold angewiesen gewesen. Allein dieser Zufluss hätte kaum genügt, den Bedarf an Umlaufsmitteln zu decken. Die Resumptionbill hatte die Ausgabe von Banknoten unter 5 Dollars untersagt. Gerade an den Wertabschnitten unter 5 Dollars war aber besonderer Mangel.

Befriedigte die Blandbill auf diese Weise ein augenblickliches volkswirtschaftliches Bedürfnis, so barg sie doch, als bleibende Einrichtung, die grössten Gefahren für die Zukunft in sich.

Abgesehen davon, dass es total verkehrt ist, die Vermehrung der kleinen Umlaufsmittel, die je nach dem wechselvollen Gang von Handel und Verkehr zu verschiedenen Zeiten in sehr verschiedenem Grade begehrt sind, sich auf fast mechanische Weise vollziehen zu lassen, war von vornherein klar, dass die Aufnahmefähigkeit des Währungssystems für das Silber auch ihre obere Grenze besitze. Das Gesetz war aber so konstruiert, als ob in den Vereinigten Staaten gar nie genug Silber zirkulieren könnte. Die geheime Hoffnung der Inflationisten, die Vereinigten Staaten würden durch das Fortbestehen der Blandbill allmählich zur Silberwährung gelangen, war wohl begründet.

Allein mancherlei wirkte zusammen, diese Hoffnung zu einer trügerischen zu machen. Eine der ersten Erfahrungen unter der Blandbill war die gewesen, dass der »Dollar der Väter« bei den Enkeln nicht beliebt und trotz aller zum Teil mit Kosten verbundenen Bemühungen des Bundesschatzamts nicht in Umlauf zu bringen war.

Ein im Laufe der Jahre fast unveränderter Betrag von ca. 60 Millionen Dollars stellt das äusserste Mass dessen dar, was die Vereinigten Staaten, u. z. hauptsächlich mit Hilfe der Neger und anderer Währungszivilisierter zweiter Klasse, an groben Silbermünzen verwenden können. Angesichts dieser ablehnenden Haltung der Bevölkerung wurde es von der grössten Wichtigkeit, dass in die Blandbill auf Antrag des Senators Booth eine Klausel aufgenommen worden war, wodurch die Ausgabe von Münzcertifikaten gestattet wurde.

Diese Klausel war der sect. 5 des Gesetzes vom 3. März 1863 nachgebildet. Dieses hatte, um den Importeuren, die Zölle in Gold zu bezahlen hatten, das Zahlungsgeschäft zu erleichtern, sogen. Goldcertifikate eingeführt, eine Art Warrant, auf eine bestimmte im Schatzamte der Vereinigten Staaten oder bei einem der Unterschatzämtern hinterlegte Summe Goldes lautend. Seitdem war das Gold in der Union, mit Ausnahme der Staaten der pacifischen Küste, fast nirgends in natura, sondern nur durch Vermittlung der Certifikate umgesetzt worden.

Diese Erfahrung machte man sich nun zu Nutzen und führte Silbercertifikate ein, welche die schwerfälligen Silberdollars im Umlauf vertreten konnten. Sie hatten zwar nicht, wie diese, Zwangskurs, sind aber für Zahlungen an die Staatskasse und als Bankreserven verwendbar. Die Banken freilich vermieden es ängstlich, die Silberzertifikate sich in ihren Trésors ansammeln zu lassen, und benützten jede Gelegenheit, sie in das Schatzamt zurückzuleiten.

Anfänglich waren nur Certifikate von 10 Dollars aufwärts zugelassen. Da aber die höheren Wertabschnitte fast nur für Banken untereinander verwendbar und diese stillschweigend übereingekommen waren, keine Silbercertifikate zu behalten, so vollzog sich der Eingang derselben in die Zirkulation zunächst sehr langsam. Ständig lagerte ein grosser Betrag an Silberdollars in den Kellern des Schatzamtes, für welchen der Verkehr keine Verwendung hatte, — »totes Silber« nach Taussigs treffender Bezeichnung.

Durch diese Erfahrungen belehrt, führte man im Jahre 1886 Certifikate in Wertabschnitten von 1, 2 und 5 Dollars ein. Schon vorher (1885) hatte man damit begonnen, die auf 1 und 2 Dollar lautenden Greenbacks einzuziehen und zu grösseren Wertabschnitten zusammenzulegen.

Seitdem vollzog sich die Einführung des Silbers in den Geldumlauf ohne weitere Schwierigkeit, zumal die Banknotenzirkulation rapid zurückging (von 310 Millionen Dollars in 1883 auf 128 Millionen Dollars in 1889).

Während der Herrschaft der Blandbill wurde das Nationalbankgesetz — zum fünften Mal — einer Revision unterzogen. (Ges. v. 12. Juli 1882.)

Die rasch fortschreitende Heimzahlung der Staatsschuld rückte die Gefahr nahe, dass die Banken die Notenzirkulation rascher vermindern würden, als die Vermehrung der Umlaufsmittel durch die Blandbill fortschreiten würde. Es wurde daher bestimmt, dass eine Bank, welche einen Teil ihrer Zirkulation durch Hinterlegung »gesetzlichen Geldes« beim Schatzmeister der Vereinigten Staaten aufgeben würde, während der nächsten 6 Monate darnach keine weitere Reduktion ihres Notenumlaufs vornehmen dürfe, eine höchst unzweckmässige Bestimmung, welche die schon an sich sehr geringe Elastizität des Zettelwesens noch weiter verringerte. Das Mindestdepot von Bonds[1]) wurde für Banken von 150000 Dollars und weniger Grundkapital von $^1/_3$ auf $^1/_4$ des Grundkapitals herabgesetzt. Für Banken mit über 150000 Dollars Grundkapital blieb die Bestimmung in Kraft, dass sie ihre Zirkulation bis 50000 Dollars, aber nicht darunter, vermindern durften. Die degressive Abstufung der Zirkulation nach der Grösse des Grundkapitals wurde aufgehoben und für alle Banken einheitlich bestimmt, dass 90% des eingezahlten Grundkapitals das Maximum der zulässigen Zirkulation darstellen solle.

Das Gesetz traf ferner eine Bestimmung bez. der Gold-

---

[1]) vergl. S. 14.

certifikate, die mit der Bankreform in keinem Zusammenhange stand, aber von grosser Bedeutung für die amerikanische Währungspolitik geworden ist.

Die Ausgabe von Goldcertifikaten war von der Regierung vor Wiederaufnahme der Barzahlungen eingestellt worden. Die beteiligten Verkehrskreise hatten sich indessen an das bequeme Zahlungsmittel so gewöhnt, dass die New-Yorker Banken genossenschaftlich ein eigenes Lagerhaus für Gold errichteten und Goldcertifikate verausgabten. Man entschloss sich, die Goldcertifikate des Bundesschatzamts wieder einzuführen, knüpfte daran jedoch die merkwürdige Einschränkung: Der Schatzsekretär solle, so oft sein Goldvorrat, »der zur Einlösung der Vereinigten-Staatsnoten bestimmt ist, unter 100000000 Dollars fallen« würde, die Ausgabe weiterer Goldcertifikate einstellen.

Nach der Begründung, welche Senator Aldrich für diese von ihm vorgeschlagene Gesetzesbestimmung gab, sollte dadurch dem Schatzsekretär die Erhaltung einer zur fortgesetzten Einlösung der Greenbacks hinreichenden Goldreserve erleichtert werden. Sein Gedankengang war dabei folgender: Die Notwendigkeit, das mit Hilfe der Greenbacks aus dem Schatzamt gezogene Gold von dort wegschaffen zu lassen, entfällt, wenn das Gold sofort wieder gegen Goldcertifikate hinterlegt werden kann. Diese Goldcertifikate werden als Umlaufsmittel benützt und machen einen Teil der Greenbacks entbehrlich, die nun zu Goldentnahmen aus dem Schatzamte verwertet werden können. Diese Bequemlichkeit führt also zu manchen Goldentnahmen, die unterbleiben würden, wenn sie nicht vorhanden wäre, weshalb es sich empfiehlt, sie in kritischen Zeiten zu suspendieren.

Auf Grund dieser Argumentation wurde jene merkwürdige Bestimmung in das Bankreformgesetz aufgenommen, in welches sie nicht hineinpasst. Ihre eigentliche Bedeutung scheint den Gesetzgebern gar nicht zum Bewusstsin gekommen zu sein. Diese lag nicht darin, dass der Schatzsekretär unter einer gewissen Bedingung keine Goldcertifikate mehr ausgeben durfte, sondern vielmehr darin, dass ihm die Erhaltung einer bestimmten Goldreserve behufs Einlösung der Greenbacks zur Pflicht gemacht wurde.

Hierüber war bisher gar nichts bestimmt, alles war dem diskretionären Ermessen des Schatzsekretärs überlassen gewesen. Nun war wenigstens eine Anordnung getroffen, wonach eine bestimmte Mindestreserve zum Zweck der Einlösung der Greenbacks dauernd erhalten werden musste. Das Wie? blieb nach wie vor dem Geschick des Schatzsekretärs anheimgegeben. Erforderlichen Falles war er auf Grund der Resumptionbill ermächtigt, Gold im Wege der Anleihe zu beschaffen und sich hiezu einer der Anleiheformen des Konvertierungsgesetzes von 1870 zu bedienen. Diese Anleiheformen waren aber sämtlich veraltet. Die hohen Zinssätze derselben machten die Emission über pari notwendig und diese machte die Bonds ungeeignet, den Nationalbanken als Basis für neue Zirkulation zu dienen, zumal die Banken ja nur 90 % des Nominalwertes der Bonds in Noten emittieren durften. An alle diese Dinge dachte man freilich im Jahre 1882 gar nicht. Die Zahlungsbilanz war seit mehreren Jahren den Vereinigten Staaten infolge der Weizenexporte nach Europa überaus günstig gewesen, und Gold war in Menge ins Land gekommen. Aber die Zeit, da die Vereinigten Staaten zur Erhaltung eines hinreichenden Goldfonds auf den Weg der Anleihe verwiesen wurden, liess nicht lange auf sich warten, und da sollte es sich empfindlich rächen, dass man für diese naheliegende Eventualität so gar keine Vorsorge getroffen hatte.

Die Agitation für »Freisilber« kam während der Geltungsdauer der Blandbill nie ganz zum Stillstand. Die Republikaner und Demokraten überboten sich fortwährend in Komplimenten und Versprechungen gegenüber der »Mehr-Geld«- und Silberpartei. Sie hatten aber im internationalen Bimetallismus ein Ventil gefunden, durch welches man die gefährliche Spannung, welche zuweilen unter dem Hochdruck der Wahlkämpfe entstand, wieder bedeutend vermindern könnte. Ein Teil der Kraft der inländischen Silberbewegung wurde so auf geschickte Weise ins Ausland abgeleitet.

Gegen Ausgang der achtziger Jahre wurden indessen die Silberleute in den Vereinigten Staaten ungeduldig und zeigten sich nicht länger geneigt, sich mit Wechseln auf den künftigen Doppelwährungsbund abfertigen zu lassen.

Die Silberproduzenten hatten schlechte Zeiten. Trotz Blandbill und Bimetallismus war der Silberpreis zwischen 1879 und 1889 von $51^1/_4$ d auf $41^{11}/_{16}$ d gesunken, während die technischen Umwälzungen auf dem Gebiet des Silberbergbaues die Aussicht auf eine schier unbegrenzte Vermehrung der Produktion eröffneten, die schon auf nahezu 4 Millionen Kilogramm pro Jahr angelangt war.

Noch schlimmer aber war die Lage der Landwirte geworden. Unter dem Drucke der herrschenden Depression des Weizenmarktes begannen sich die Farmer in allen Teilen der Union zu organisieren, und bald stellten die Bünde der Landwirte einen politischen Machtfaktor dar, mit welchem gerechnet werden musste. Die alten inflationistischen Ideale erwachten zu neuem Leben: Silberagitatoren und Berufspolitiker warfen die altbewährten Schlager unter das Volk und erfanden noch einige neue dazu. Das »Verbrechen von 1873« wurde nunmehr noch pikanter und verabscheuungswürdiger zugleich durch die Aufdeckung der Teilnahme, welche Ernst Seyd von London — bekanntlich ein eifriger Bimetallist — an dieser Schandthat gehabt hat.

»Silber« wurde durch den Unfug, welchen die Demagogen trieben, zum Popanz, der bei gewissen Leuten etwas wie religiöse Verehrung genoss. Hatte man doch eine ganze Passionsgeschichte über den Dollar der Väter, den edlen Dulder von 371,25 grains Feingehalt, verbreitet und dem amerikanischen Volke, das sich so gern als den Vorkämpfer der Freiheit bezeichnen lässt, so lange gepredigt, dass es die Mission habe, das versklavte weisse Metall aus den Klauen des Despoten Gold zu befreien, bis besonders gute Menschen sich für diese Idee förmlich begeisterten. Andere packte man mehr an der gemeinen Habgier an, indem man »Freisilber« versprach oder »16 : 1«!

Die am Ruder befindliche republikanische Partei, deren höchste Weisheit seit Jahren der Hochschutzzoll gebildet hatte, konnte sich um ihrer selbst willen dem Ruf von Leuten nicht verschliessen, die bisher die Taschen der Industriellen hatten füllen helfen und nun auch ein bischen »mehr Geld« verlangten. »In einem republikanischen Gemeinwesen ist es immer gut, der herrschenden Volksströmung nachzugeben«, war die Maxime John Shermans, eines der führenden Geister der republikanischen Partei. Diesmal erschien ihre Anwendung um so notwendiger, als sonst für die Partei der Verlust mehrerer Staaten des fernen Westens und Nordwestens in Aussicht stand, in welchen das Silbermineninteresse und der Einfluss der Landwirtbündler vorherrschten. Ueberdies drohte das Zustandekommen des Mac Kinley-Tarifs an dem Widerstande der republikanischen Senatoren dieser Staaten zu scheitern.

Aus dieser politischen Situation ging das Gesetz vom 14. Juli 1890, die sogenannte »Shermanbill«, hervor.

Sie hob die Silberankaufsklausel der Blandbill auf und verpflichtete den Schatzsekretär, künftig $4^1/_2$ Millionen Unzen Silber im Monat zu kaufen, bis der Silberpreis die amerikanische Parität (1.29 Dollar pro Unze fein) wieder erreicht hätte. Die Zahlung sollte in »Schatznoten« erfolgen, die Zwangskurs genossen, wie die Greenbacks, und nach dem Ermessen des Schatzsekretärs in Gold oder Silber eingelöst werden sollten. Diesem Ermessen war aber durch die weitere Bestimmung, dass es die »feste Politik der Vereinigten Staaten sein solle, die Parität der beiden Edelmetalle aufrecht zu erhalten« eine Schranke gesetzt. Denn diese ziemlich unklare Bestimmung bedeutete — wenigstens nach der Auslegung der Goldwährungsfreunde —, dass der Schatzsekretär Niemandem Silber aufnötigen durfte, der Gold verlangte. Denn sonst wäre es mit der Parität des Silbers — gegenüber dem Golde — in kurzer Zeit zu Ende gewesen. Aus diesem Grunde war es auch eine reine façon de parler, wenn das Gesetz ferner bestimmte, das Shermansilber solle ab 1. Juli 1891 in Silberdollars ausgeprägt werden, »soweit dies zu Einlösungszwecken erforderlich sein würde«. Man musste eben wenigstens den Schein wahren, als habe man für das angekaufte Silber eine rationelle Verwendung.

Die Shermanbill war im Gegensatz zur Blandbill, die als ein »Gesetz betreffend die Ausprägung des Standardsilberdollars und seine Wiederherstellung als gesetzliches Zahlungsmittel« in der Gesetzessammlung der Vereinigten Staaten figuriert, in erster und letzter Linie nichts anderes als ein Gesetz zur Hebung des Silberpreises und zur Vermehrung der Greenbacks.

Die erwartete Hebung des Silberpreises trat freilich nicht ein. Zwar gab die Shermanbill, noch ehe sie Gesetz wurde, Anlass zu grossartigen Haussespekulationen am Silbermarkt und der Londoner Preis stieg wieder auf $51\frac{1}{4}$ d und selbst $54\frac{5}{8}$ d, aber die Herrlichkeit währte nicht lange und bald setzte das Silber unbekümmert um die amerikanischen Silberankäufe seine unheimliche Abwärtsbewegung im alten Tempo fort.

Die vielfach gehegte Befürchtung, dass die Vermehrung des Papiergeldes um monatlich $4\frac{1}{2}$ Millionen Dollars unfehlbar zur Vertreibung des Goldes aus dem Umlauf führen müsse, wurde bald durch die Ereignisse bestätigt.

Bis zum Mai des Jahres 1888 hatte die Goldausfuhr der Vereinigten Staaten die Einfuhr nur zweimal (1884 und 1886) überstiegen. Nun setzte eine starke und nachhaltende Goldbewegung von den Vereinigten Staaten nach Europa ein, die durch die Ziffern der Handelsbilanz nicht erklärt wurde. Bald war deutlich zu erkennen, dass die Hauptursache der Goldausfuhr aus den Vereinigten Staaten nach Europa in der massenhaften Abstossung amerikanischer Wertpapiere seitens des letzeren zu suchen war. Man hatte hier mit der Möglichkeit zu rechnen begonnen, dass die Goldwährung der Vereinigten Staaten eines Tages in die Brüche gehen könne.

Die Quelle, aus welcher das von den Goldexporteuren benötigte Gold bald nahezu ausschliesslich geschöpft wurde, war das Schatzamt der Vereinigten Staaten. Die Mittel, aus dieser Quelle zu schöpfen, boten sich in Gestalt der Greenbacks und Schatznoten auf bequeme Weise dar. Während aber so die Anforderungen an die staatliche Goldreserve fortgesetzt im Wachsen begriffen waren, war Gleiches mit den Goldeinnahmen des Staatsschatzes nicht der Fall. Im Gegenteil sie nahmen fortgesetzt ab. Die Haupteinnahmequelle, aus welcher das Schatzamt der Vereinigten Staaten seine Goldvorräte schöpft, das New-Yorker Zollhaus, lieferte bald nur mehr geringe Prozentsätze in Gold und fast alles in Greenbacks und Schatznoten. Wie durch die Kunst eines Magiers war mit dem Inkrafttreten der Shermanbill in der Zollkasse eine Metamorphose eingetreten. Hatten bis dahin — von der kurzen Unterbrechung während des Jahres 1886 abgesehen — Goldcertifikate weitaus den grösseren Teil der Kassenbestände ausgemacht — im 1. Vierteljahr 1890 noch 95 % —, so traten nun plötzlich Greenbacks und Schatznoten an ihre Stelle. Bis Dezember 1892 war dieser Prozess schon so weit fortgeschritten, dass nur mehr 4,4 % der Zolleinnahmen aus Gold und 86,4 % aus Greenbacks und Schatznoten (9,2 % aus Silbercertifikaten) bestanden.

Das Jahr 1893 begann unter drohenden Auspicien. Schon im Herbste des Jahres 1890 hatte sich eine nahende Wirtschaftskrisis angekündigt, als der Zusammenbruch des Hauses Baring in London auch den amerikanischen Markt erschütterte. Damals ging die Gefahr indessen noch vorüber und bald bemächtigte sich der wirtschaftlichen Kreise in den Vereinigten Staaten unter dem Einfluss der Wirkungen des Mc. Kinleytarifs und günstiger Ernten wieder eine vertrauensselige Stimmung. Im Anfang des Jahres 1893 zeigte sich indessen bereits die bevorstehende Liquidation durch den Zusammenbruch des mächtigen Reading-Eisenbahn-Systems an. Gleichzeitig erfolgten massenhafte Goldexporte, sodass das Schatzamt nur noch mit Hilfe der Banken, welche Gold gegen Legaltenders hergaben, seine Goldreserve auf dem Niveau von 100000000 Dollars zu erhalten vermochte.

Am 15. April 1893 liess Schatzsekretär Carlisle eine Erklärung in die Blätter gelangen, in welcher Zweifel in der Fortdauer der Möglichkeit, die Goldzahlungen aufrecht zu erhalten, geäussert wurden. Kurze Zeit darauf sank die Reserve auf 97000000 Dollars und machte der Schatzsekretär bekannt, dass gemäss den Bestimmungen des Gesetzes vom 12. Juni 1882 keine Goldcertifikate mehr ausgegeben werden würden.[1])

Bald darauf kam eine Panik von einer Heftigkeit zum Ausbruch, wie sie seit 1873 nicht mehr erlebt worden war. Unsicherheit und Misstrauen verbreiteten sich im Flug über das ganze Unionsgebiet. Die Banken wurden von den geängsteten Kunden gestürmt und fallierten in Masse, bevor sie imstande waren, ihre Depositen aus den Reservestädten

---

[1]) Vgl. S. 31. Die Ausgabe von neuen Goldcertifikaten ruhte dann vollig, bis sie am 7. August 1899 wieder aufgenommen wurde.

zurückzuziehen. Alles, was gesetzliches Zahlungsmittel hiess, Gold, Greenbacks und Schatznoten, so gut wie Silbercertifikate und Banknoten wurde in Massen thesauriert, und in New-York kehrte vorübergehend das seit 1873 nicht mehr erlebte Schauspiel eines regulären Handels in »Währung« wieder.

Das Nationalbanksystem versagte in dieser kritischen Situation vollständig. Die Nationalbanken vermochten die Cirkulation während der Dauer der Krisis trotz äusserster Anstrengungen nur um 31 Millionen Dollars zu vermehren.[1]) Gleichzeitig brachten New Yorker Privatbankiers 48 Millionen Dollars Gold, die sie sich durch Käufe in Europa verschafft hatten, in Umlauf.

Im glücklichen Besitze einer wohlgefüllten Staatskasse, war wenigstens der Schatzsekretär der Vereinigten Staaten in früheren Jahren in kritischen Augenblicken in der Lage gewesen, durch Vorauszahlung von Zinsen der Staatsschuld, Hinterlegung von Regierungsgeldern bei Nationalbanken u. dgl. dem Geldmarkt zu Hilfe zu kommen.

Nun waren unter dem hochschutzzöllnerischen Mac Kinleytarif die Zolleinnahmen zurückgegangen. Der Schatzsekretär hatte zum ersten Mal seit langer Zeit wieder mit einem Deficit zu kämpfen. Die einzige Hilfe, welche unter diesen Umständen von seiner Seite hätte kommen können, wäre die Ausgabe von neuen Schatznoten gegen Ankauf von Silber gewesen. Nachdem die Krisis einmal ausgebrochen war, wäre dieses Mittel auch gar nicht mehr so bedenklich gewesen, wie bisher, wo es dazu beigetragen hatte, das Gold aus dem Lande zu vertreiben und das Vertrauen in die Erhaltung der Goldwährung im Auslande und zu Hause zu erschüttern. Aber gerade jetzt, wo die Schatznoten einen Dienst hätten leisten

[1]) Doch wären auch mit dem bestehenden Gesetze bessere Wirkungen zu erzielen gewesen, wenn das Amt des Kontrolleurs des Geldumlaufs über mehr Räumlichkeiten zur Lagerung von auf Vorrat hergestellten Banknoten verfügt hätte. Der notwendige Aufschub, den infolge dieses Mangels die Fertigstellung der Banknoten erlitt, und der durchschnittlich 25 Tage betrug, verhinderte nach Mitteilung des Kontrolleurs des Geldumlaufs in seinem Berichte pro 1899 die Ausgabe von 11000000 Dollars neuer Banknoten. Bevor diese rechtzeitig hergestellt werden konnten, war die Krisis und damit das Bedürfnis nach einer Vermehrung der Umlaufsmittel vorüber.

können, nahmen sie ein jähes Ende. Der Schatzsekretär stellte aus eigener Machtvollkommenheit die Silberankäufe ein, noch bevor die Shermanbill offiziell ausser Kraft trat.

Ohne die Unterstützung, die in anderen Ländern ein elastisches Notenbankwesen und ein starkes, von gemeinwirtschaftlichen Gesichtspunkten aus geleitetes zentrales Kreditinstitut bieten, waren die Vereinigten Staaten in dieser Not rein auf die individuelle Selbsthilfe angewiesen. Diese hat auch diesmal, wie bei früheren Gelegenheiten, Beträchtliches geleistet. Clearinghäuser, Stadtverwaltungen, Sparkassen, Privatbanken und einzelne Kaufleute bemühten sich, um durch Ausgabe aller erdenklichen Formen von Geldsurrogaten, von dem durch hinterlegte Bonds gedeckten Clearinghaus-Certifikat bis zu der einfachen Schuldverschreibung des Kaufmanns, dem Geldmangel abzuhelfen. Die akute Krisis wütete mit grösster Heftigkeit von Anfang Mai bis September. Keine Panik seit Bestehen des Nationalbankgesetzes war für die Banken verhängnisvoller. 54 National- und 172 Staatenbanken fallierten in den ersten 8 Monaten des Jahres 1893.

In den Sturz so zahlreicher Unternehmungen wurde auch die Shermanbill verwickelt. Die Not des Augenblicks war einer gründlichen Untersuchung der Ursachen, welche die Krisis verschuldet hatten, nicht günstig, und wie man in aufgeregten Zeiten nur zu leicht geneigt ist, einen einzigen Sündenbock für alle zu Tage tretenden Schäden verantwortlich zu machen, so richtete sich bald die ganze Erbitterung der öffentlichen Meinung in den Oststaaten gegen die Shermanbill. Präsident Cleveland berief den Kongress auf den 7. August zu einer ausserordentlichen Session zusammen und unter dem Druck der erregten öffentlichen Meinung wurde, ungeachtet der verzweifelten Obstruktion der Silberleute, das verfehlte Gesetz am 1. November 1893 ausser Kraft gesetzt.

Kurze Zeit zuvor hatte das Silber durch die am 26. Juni 1893 erfolgte Schliessung der indischen Münzstätten seine wichtigste Zufluchtsstätte verloren und damit war der Aufrechterhaltung des amerikanischen Silberankaufsgesetzes auch der letzte Rest von Vernunft genommen worden.

Der Betrag der während des einen Jahres 1893 nach

den Vereinigten Staaten zurückgewanderten amerikanischen Sekuritäten wird auf 300000000 Dollars geschätzt.

Während in den Jahren 1878 bis 1889 die Mehreinfuhr von Gold nach den Vereinigten Staaten 264682328 Dollars betragen hatte, betrug von 1889 bis 1893 die Mehrausfuhr 210077999 Dollars. Doch nicht nur das Vertrauen des Auslandes war erschüttert. Auch im Inland begann man sich auf den Sturz der Goldwährung vorzubereiten. Es bestehen bestimmte Anhaltspunkte, dass man anfing, Gold in nicht unbeträchtlichen Mengen zu thesaurieren. In der Zeit zwischen dem 30. Juni 1893 und 30. Juni 1894 wurden dem Schatzamte mit Hilfe der Greenbacks und Schatznoten nahezu 85000000 Dollars entnommen, während im Ganzen nur 77000000 Dollars zur Versendung ins Ausland gelangten. In dem darauffolgenden Jahr wurden über 117000000 Dollars dem Schatzamte entzogen, wovon nur 66000000 Millionen Dollars ins Ausland gingen. Die Differenz giebt einen Massstab für den Umfang, den die Thesaurierung von Gold in dieser Zeit im Inlande angenommen hatte.

Die Nachwirkungen der Krisis von 1893 waren schwer und anhaltend. Das erschütterte Vertrauen des Auslandes in die Sicherheit der amerikanischen Goldwährung wurde durch die Aufhebung der Shermanbill nicht wiederhergestellt, zumal bei der herrschenden Depression die Agitation der Silberleute ungeschwächt ihren Fortgang nahm.

An die Goldreserve des Schatzamts traten unter diesen Verhältnissen immer schwerere Anforderungen heran.

Mit Beginn des Jahres 1894 hörten die Goldeingänge beim New-Yorker Zollhause so gut wie gänzlich auf. Aber die Goldexporte dauerten an, und da die Banken sich den Exporteuren ängstlich verschlossen, so wurde das Reservoir des Schatzamtes immer von Neuem mit Hilfe von Greenbacks und Schatznoten, an welchen nunmehr 346680000 Dollars und bezw. 153000000 Dollars umliefen, in Anspruch genommen. Als neues störendes Moment kam noch das wachsende Defizit im Staatshaushalt hinzu. Da nach den Bestimmungen der Resumptionbill der Goldvorrat nur, »soweit er nicht für andere Zwecke benötigt wurde«, zur Einlösung der Greenbacks verfügbar war, musste das wachsende

Deficit die Befürchtung der Einstellung der Goldzahlungen durch das Schatzamt natürlich verstärken.

Bei dieser Sachlage blieb zur Wiederherstellung der Goldreserve von 100000000 dem Schatzsekretär kein anderes Mittel übrig, als zur Aufnahme einer Goldanleihe zu schreiten.

Da die zu diesem Zwecke zur Verfügung stehenden Anleiheformen aus den oben angeführten Gründen [1]) unpraktisch waren, suchte der Schatzsekretär vom Kongress die Ermächtigung zur Ausgabe dreiprozentiger und ausdrücklich auf Rückzahlung in Gold lautender Bonds nach. Aber der Kongress verweigerte hartnäckig seine Zustimmung auch zu der geringfügigsten Reform, die zur Befestigung des herrschenden Währungssystems hätte dienen können. So wurde die Anleihe in der veralteten Form emittiert, mit dem Erfolge, dass von den 58660917 Dollars Gold, welche dem Schatzamte als Ergebnis der Anleihe zuflossen, kaum 38 Millionen den Goldschatz des Schatzamtes wirklich vermehrten. Denn da die Einzahlung der Anleihe in mehreren Fristen erfolgte, so war es möglich, dass das Schatzamt einen Teil des Goldes aus seinen eigenen Vorräten geliefert erhielt, d. h. die spätere Goldeinzahlung konnte sehr einfach auf die Weise geleistet werden, dass das früher gelieferte Gold mit Hilfe von Greenbacks und Schatznoten wieder herausgeholt wurde.

Doch hatte die Anleihe den Erfolg, die Goldreserve, wenigstens vorübergehend, wieder herzustellen. Am 6. März 1894 stand sie wieder auf 107446802 Dollars, einer Höhe, die sie seit einem Jahre nicht mehr erreicht hatte. Aber schon Anfang Mai 1894 setzte eine neue Goldbewegung ein und Ende Juni war die Reserve wieder auf 64873000 Dollars gesunken, die Goldeinnahmen des Zollamtes wieder auf dem Nullpunkt angelangt. Am 7. August 1894 erreichte die Goldreserve den niedrigsten Punkt, welchen sie seit Wiederaufnahme der Barzahlungen jemals eingenommen hatte: 52189500 Dollars. Das Schatzamt appellierte in seiner Not an die Hilfe der Banken, durch deren Bereitwilligkeit es auch gelang, die Goldreserve auf 61878374 Dollars hinaufzubringen. Sollte die Reserve auf ihren gesetzlichen Minimalstand gebracht

[1]) s. S. 32.

werden, so war eine neue Anleihe nicht zu umgehen. Da in der Zwischenzeit das Defizit im Staatshaushalt bedeutend gewachsen war — (das am 30. Juni 1894 abgeschlossene Fiscaljahr hatte im Gegensatz zu der vorausgehenden langen Periode gewaltiger Ueberschüsse mit einem Deficit von 69000000 Dollars geendet) — schritt der Finanzminister mit Freuden zur Ausgabe neuer Bonds. Wiederum wurden nominal 50000000 Dollars in der veralteten Form des Convertierungsgesetzes von 1870 emittiert, die faktisch 58538500 Dollars Gold einbrachten [1]). Wiederum waren die Bedingungen der Einzahlung derart, dass es den Goldlieferanten ermöglicht war, das Schatzamt zum Teil mit seinem eigenen Gold zu bezahlen.

Vier Monate nach Auslegung dieser zweiten Anleihe betrug die Goldreserve des Schatzamtes 41340187 Dollars. Vom 1. Dezember 1894 ab wurden in der Zeitspanne von 2 $^1/_2$ Monaten dem Schatzamte mehr als 80 Millionen Dollars Gold entzogen, wovon gut die Hälfte thesauriert wurde. Denn nur 36852889 Dollar wurden während dieser Zeit exportiert. An einem einzigen Tage im Januar wurden nicht weniger als 7 Millionen Dollars Gold beim Schatzamte erhoben.

Trotzdem der Präsident an den Kongress eine in fast verzweifeltem Tone gehaltene Botschaft richtete, weigerte sich dieser hartnäckig, irgend etwas zur Befestigung der Goldwährung zu thun. Eine neue Goldanleihe in der bisher gewählten Form versprach keinen Erfolg. Die Wechselkurse waren andauernd so hoch, dass der sofortige Export des auf diesem Wege beschafften Goldes zu befürchten war.

In dieser ausserordentlichen Situation griff man zu einem ausserordentlichen Hilfsmittel. Ein Syndikat von englischen und amerikanischen Banken schloss am 8. Februar 1895 einen Vertrag mit der Regierung der Vereinigten Staaten ab, worin es sich verbindlich machte, der letzteren binnen 6 Monaten 3500000 Unzen Standardgold zum Preise von 17,8 Dollars

---

[1]) Die Anleihe wurde nur mit der grössten Mühe untergebracht. Die öffentliche Subcription hatte ein überaus dürftiges Ergebnis. In letzer Stunde übernahmen die New-Yorker Banken dank den Bemühungen von John Stewart, des Präsidenten der Vereinigte-Staaten-Trust-Company, noch 40704700 Dollars.

pro Unze gegen 4prozentige Bonds der Vereinigten Staaten zu liefern, und nicht nur zu liefern, sondern auch — das war das Bemerkenswerte an dieser Vereinbarung — zu erhalten. Eine Klausel des Vertrages lautete nämlich dahin, dass die Beteiligten »ihren ganzen finanziellen Einfluss aufbieten und alle legitimen Anstrengungen machen werden, das Schatzamt der Vereinigten Staaten bis zur formellen Erfüllung dieses Vertrages gegen die Entziehung von Gold zu schützen.«

Das Syndikat kam diesen Verpflichtungen nach. Am 24. Juni 1895 war das Schatzamt der Vereinigten Staaten mit den verlangten 3,5 Millionen Unzen Gold versorgt und der Vertrag formell erfüllt. Aber das Syndikat that noch ein Uebriges, indem es bis 11. September freiwillig fortfuhr, das Schatzamt mit Gold im Umtausch gegen Legaltenders zu speisen, um das Herabsinken der Reserve unter ihr gesetzliches Minimum so lange als nur möglich zu verhindern.

So bemerkenswert jedoch auch der Erfolg der Transactionen des Syndikats war, auch diesmal erwies sich die Hilfe als nur von kurzer Dauer. Das Syndikat war nicht im Stande gewesen, die Wechselkurse auch über den Beginn des Sommers hinaus auf einem, die amerikanische Goldeinfuhr begünstigenden Niveau zu erhalten. In den letzten fünf Monaten des Jahres 1895 wurden wieder 67000000 Dollars Gold dem Schatzamt entzogen. Kaum hatte das Syndikat im September seine Thätigkeit eingestellt, da setzten auch die Goldexporte im grossen Stile wieder ein. Als Präsident Cleveland am 2. Dezember 1895 seine Jahresbotschaft an den Kongress richtete, da gestaltete sich dieses feierliche Schriftstück zu einer vernichtenden Kritik des herrschenden Währungszustandes und zu einer flammenden Anklage gegen die verfehlte Gesetzgebung der letzten Jahrzehnte, welche diesen Zustand verschuldet hatte.

»Nachdem wir unsere zinstragende Staatsschuld um 162 Millionen Dollars vermehrt haben, um unsere Goldreserve zu erhalten«, so kennzeichnete der Präsident die Lage, »sind wir nahezu am selben Punkte angelangt, von dem wir ausgegangen sind. Als die ersten Bonds im Februar 1894 emittiert wurden, hatten wir 65438377, jetzt haben wir 79333966 Dollars Gold. Am 28. Januar 1895 berichtete der

Schatzsekretär, dass dem Schatzamte mehr als 172000000 Dollars zum Zwecke der Thesaurierung und des Exports während des vorausgegangenen Jahres entzogen worden seien. Jetzt berichtet er, dass in der Zeit vom 1. Januar 1879 bis 14. Juli 1890, einer Periode von mehr als 11 Jahren, nur wenig mehr als 28000000 Dollars dem Schatzamte entzogen worden sind, während in der Periode vom Erlass des Silberankaufsgesetzes vom 14. Juli 1890 bis zum 1. Dezember 1895, also in weniger als $5^1/_2$ Jahren, nahezu 375000000 herausgezogen wurden; im Ganzen wurden also seit dem 1. Januar 1879, dem Tage, welcher im Jahre 1875 für die Einziehung der Greenbacks in Aussicht genommen worden war, 403000000 Dollars Gold dem Schatzamte entzogen.«

Der Appell, welchen der Präsident an den Kongress richtete, endlich an eine Reform des Geld- und Bankwesens zu denken, verhallte völlig wirkungslos. Die silberfreundliche Mehrheit des Senates beantwortete ihn mit wütenden Angriffen auf das englische Syndikat. Bald wurde die Lage wieder äusserst kritisch. Die Venezuelabotschaft des Präsidenten, die ängstliche Gemüter einige Augenblicke ernstlich an ein Zerwürfnis zwischen England und den Vereinigten Staaten glauben liess, führte zu starken Erschütterungen des Londoner Effektenmarktes. Amerikanische Werte erlitten einen jähen Kurssturz und das Rückströmen europäischen Kapitals aus den Vereinigten Staaten mit der dadurch verursachten Steigerung der Goldexporte machte sich augenblicklich an dem starken Sinken der amerikanischen Goldreserve bemerkbar. Fast möchte man vermuten, der Präsident habe diese Wirkung seiner Botschaft vorausgesehen und mit derselben beabsichtigt, die öffentliche Meinung in den Vereinigten Staaten gegen die silberfreundliche Mehrheit des Kongresses, die sich jeder Reform abhold zeigte, mobil zu machen. Jedenfalls ist dies bis zu einem gewissen Grade thatsächlich der mittelbare Erfolg seiner Botschaft gewesen.

Es gelang, wenigstens im Repräsentantenhause, eine Reformbill durchzubringen, die den Schatzsekretär endlich zur Ausgabe 3 prozentiger Bonds behufs Goldankaufs ermächtigte, und wenn dieses Gesetz auch schliesslich am Widerstand des Senats scheiterte, so war es doch ein Anzeichen für die

Besserung der Aussichten der Goldwährung in den Vereinigten Staaten.

Der Erfolg der neuen 4 prozentigen Hundert-Millionen-Dollaranleihe, die der Schatzsekretär auslegte, nachdem die Goldreserve am 1. Februar 1896 auf 49800000 Dollars gesunken war, lässt scheinbar gleichfalls auf grössere Popularität der Goldwährung schliessen. Denn diese neue Anleihe war, um dem populären Vorurteile gegen die Banken und insbesondere gegen die »Syndikate« zu begegnen, zur öffentlichen Subskription ausgelegt und wurde sechsfach überzeichnet. Allein im Wesentlichen waren es doch wieder Banken, welche die Anleihe übernahmen.

Auch diese »populäre Anleihe« konnte die Goldreserve nicht länger als einige Monate auf ihrem gesetzlichen Minimum erhalten. 262000000 Dollars waren nunmehr im Ganzen zum Zweck der Erhaltung der Goldreserve geborgt worden und doch stand diese unter dem gesetzlichen Minimum.[1])

Inzwischen sorgte die andauernde Depression dafür, dass die Frage, ob die Goldwährung in den Vereinigten Staaten erhalten oder geopfert werden solle, endlich zur definitiven Entscheidung gestellt wurde. Denn indem sie den Inflationismus in den West- und Südstaaten bis zum Aeussersten entfachte, rief sie den verzweifelten Widerstand der Bank- und Handelswelt in den Oststaaten hervor. Auf beiden Seiten war man entschlossen, den entnervenden Währungsstreit zu einem gewissen Abschlusse zu bringen. So wurde beim Zusammentritt der Nationalkonventionen im Sommer des Jahres 1896 die Währungsfrage als Wahlparole für den bevorstehenden

[1]) Die Staatsschuld, welche sich die Vereinigten Staaten aufgeladen haben, um seit Erlass der Shermanbill die Goldreserve immer wieder auf die Hohe von 100 Millionen Dollars zu bringen, stellt nun samt Zinsen eine bei weitem grossere Belastung ihrer Finanzen dar, als wenn sie die Greenbacks Dollar für Dollar in klingendem Golde gleich bei Aufnahme der Barzahlungen am 1. Januar 1879 heimbezahlt hätten. Man hat ubrigens behauptet, dass die Anleihen »zur Erhaltung der Goldwährung«, welche die Vereinigten Staaten in den Jahren 1890—1895 im Nominalbetrage von 262000000 Dollars aufgenommen haben und die mit 293400000 Dollars abgesetzt worden sind, den Vereinigten Staaten 335000000 eingetragen hätten, wenn sie auf Gold, statt auf das zweideutige »coin« gestellt worden waren.

Präsidentschaftswahlkampf ausgegeben. Der Kampf der Geister, welcher nunmehr folgte, und mit welchem mit äusserster Energie für und wider die Goldwährung gestritten wurde, wird immer eines der merkwürdigsten Ereignisse der politischen Geschichte bilden. Der Inflationismus fand in der Person des demokratisch-populistischen Präsidentschaftskandidaten Bryan, eines redegewandten jungen Advokaten aus Omaha in Nebraska, eine in ihrer Art glänzende Vertretung. Der persönliche Zauber, den Bryan auf Volksversammlungen, namentlich im Westen und Süden ausübte, war ein solcher, dass man zu Beginn des Wahlkampfes mit der grössten Wahrscheinlichkeit auf den Sieg der Silberfreunde rechnen konnte. Allein die lange Dauer des Wahlkampfes, die reichen Geldmittel der Goldwährungspartei in den Oststaaten, die eine Agitation allergrössten Stils gestatteten, eine kurz vor der Wahl eingetretene Steigerung des Weizenpreises und gewiss nicht zuletzt das wirkungsvolle Auftreten einer Reihe hervorragender und mit bedeutenden rednerischen Fähigkeiten ausgestatteter Männer, wie Schurz und Cockran, führte schliesslich den Sieg der Goldwährungspartei herbei. Aber es war nur eine kleine Majorität, mit welcher der Kandidat der goldwährungsfreundlichen republikanischen Partei, Mac Kinley, zum Präsidenten erwählt wurde. Sie zeigte deutlich an, wie nahe die Vereinigten Staaten daran gewesen waren, die ungeheure Thorheit der Preisgabe ihrer Goldwährung zu begehen. Die Geschäftswelt in den Vereinigten Staaten atmete wie von einem drückenden Alp befreit auf. Aber noch längere Zeit hielt die lähmende Wirkung dieser unglückseligen Agitation an.

Der neugewählte Präsident hatte im Währungsstreit in früheren Jahren eine Lanze für das Silber gebrochen. Aber das hatte er mit dem demokratischen Schatzsekretär Carlisle und manchem anderen Kämpen der Goldwährung gemein. Man durfte daher von ihm erwarten, dass er die auf Reformen des Geldwesens der Union gerichteten Bestrebungen nicht weniger eifrig unterstützen werde, als er schutzzöllnerischen Wünschen sein Ohr lieh.

Der Präsident gab jedoch in seiner Antrittsrede am 4. März 1897 zu verstehen, dass ihm die Beseitigung des

Deficits im Staatshaushalte und die Revision des Zolltarifes zunächst mehr angelegen sei, als die Goldwährung. Die meisten Währungs- und Bankgesetze der Union basierten nach seiner Ansicht »auf Erfahrung und Tradition«, weshalb bei einer Aenderung derselben besondere Vorsicht angezeigt sei.

# II. Teil.

## Die Verfassung des Geldwesens der Vereinigten Staaten am 1. Januar 1900 und die Aufgaben und Mittel der Reform.

# I.

Die Goldwährung der Vereinigten Staaten ist von dem Idealzustande weiter entfernt als diejenige irgend eines anderen Landes. Sie hinkt auf dem Silberfusse, und zwar bedeutend stärker als selbst das bimetallistische Musterland Frankreich. Ausserdem ist die Erhaltung der Valuta durch das Vorhandensein grosser Mengen Staatspapiergeldes bedroht, welches zwar fortgesetzt eingelöst werden muss, aber nicht eingezogen werden kann.

Dabei besteht zwischen den Ländern Europas mit hinkender Goldwährung und den Vereinigten Staaten der Unterschied, dass, was dort beim Antritt der Erbschaft der vorausgehenden Silber- oder Doppelwährung wohl oder übel als Auflage mit in den Kauf genommen werden musste, hier mit Fleiss und Vorbedacht erst künstlich geschaffen worden ist. Allen übrigen hinkenden Goldwährungen ist das Hinken angeboren, die Vereinigten Staaten dagegen haben es sich freiwillig zugelegt.

Der hervorstechendste Charakterzug des amerikanischen Geldwesens ist die Buntheit seiner Zusammensetzung, die auch für Einen, der die Währungsgeschichte des Landes gar nicht kennen würde, ein sicheres Anzeichen für häufige, gewaltsame Eingriffe der Gesetzgebung in den Gang der Währungsgeschichte bilden müsste.

Werfen wir einen Blick in die wohlgefüllte Staatskasse der Union — das grösste Bargeldreservoir des Landes —, so finden wir nach der Bilanz p. 1. Januar 1900

Millionen Dollars

| Activa. | | | | Passiva. | | |
|---|---|---|---|---|---|---|
| Gold | Munzen | 254 | | Goldcertifikate | 185 | |
| | Barren | 144 | | Silbercertifikate | 401 | |
| | | | 398 | Wahrungscertifikate | 12 | |
| Silber | Dollars | 413 | | Schatznoten von 1890 | 88 | |
| | Scheidem. | 3 | | | | 686 |
| | Barren | 81 | | Einlösungsfonds fur nichtcurente Nationalbanknoten | | |
| | | | 497 | | | |
| Papier | Greenbacks | 28,4 | | | 9 | |
| | Schatznoten von 1890 | 1,3 | | Ausstehende Checks und Wechsel | 3 | |
| | Goldcertif. | 24 | | Sonstige Passiven | 65 | |
| | Silbercert. | 6 | | | | 77 |
| | Währungscert. | 0,3 | | Goldreserve | 100 | |
| | Nat. Bankn. | 4 | | Nettokassensaldo | 184 | |
| | | | 64 | | | 284 |
| Verschiedenes | Bonds | 0,5 | | | | |
| | Kupfer- und Nickelscheidemünze u. kleines Papiergeld | 0,3 | | | | |
| | Depositen bei Nationalbanken | 81 | | | | |
| | Sonst. Guthaben | 6 | | | | |
| | | | 88 | | | |
| | | | 1047 | | | 1047 |

unter den dort aufgespeicherten Schätzen nicht weniger als 11 verschiedene Geldsorten. Damit übertreffen die Vereinigten Staaten fast jenes biedere Volk der Gesellschaftsinseln, von dessen mannigfaltigem Geldsystem mit seinen Muscheln, Perlen und Kokosnüssen Jevons erzählt.

Von jenen elf Geldsorten sind nur 4 Metall-, nicht weniger als 7 Papiersorten. Dieses Vorherrschen des Papieres ist ein Hauptmerkmal des amerikanischen Geldwesens. Durch die langandauernde Einstellung der Barzahlungen (von 1861—1878) hat sich das Publikum [1]) so sehr an den Gebrauch papierner

[1]) Erst in den allerletzten Jahren hat sich infolge der Sistierung der Neuausgabe von Goldcertifikaten in der Zeit von 1893—1899 der Gebrauch von Goldmünzen fur Umlaufszwecke auch in den Oststaaten etwas mehr eingeburgert.

Geldzeichen gewöhnt, dass auch heute noch — wenigstens in den verkehrsreichsten Staaten der Union — Gold und Silber in natura fast gar nicht zirkulieren, sondern durch Papier im Umlauf vertreten werden. Die Abneigung gegen das Hartgeld ist so gross, dass, obwohl es sich die Regierung der Vereinigten Staaten über eine Million Dollars hat kosten lassen, Silberdollars auf Wunsch der Besitzer frachtfrei von einem beliebigen Ort der Union nach einem andern zu versenden, doch von den 476201341 Silberdollars, welche am 1. Januar 1900 nach der Schätzung des amerikanischen Münzdirektors in den Vereinigten Staaten vorhanden waren, nicht mehr als ca. 70 Millionen Dollars in natura umliefen. In früheren Jahren schwankte der Betrag zwischen 50 und 60 Millionen Dollars.

Die Papiersorten, welche sich nach obiger Aufstellung am 1. Januar 1900 im amerikanischen Staatsschatze vorfanden, sind folgende:

Greenbacks,
Schatznoten von 1890,
Goldcertifikate,
Silbercertifikate,
Währungscertifikate (currency notes),
Kleines Papiergeld (fractional currency),
Nationalbanknoten.

Die Unterscheidung dieser zahlreichen Papiersorten erfordert ein kleines Studium.

Greenbacks und Schatznoten sind gesetzliche Zahlungsmittel für alle Beträge; das kleine Papiergeld (fractional currency), von welchem nur wenig mehr vorhanden ist, geniesst Zwangskurs für Beträge bis zu 5 Dollars.

Diese Papiersorten sind also Papiergeld im eigentlichen Sinne. Doch ist zu bemerken, dass die sogen. Goldklausel in der Union Rechtsgiltigkeit besitzt. In den Zeiten vorhandenen oder drohenden Währungsumsturzes, so in der Zeit von 1862—1878 und dann wieder seit 1890 ist von ihr in Versicherungs-, Hypotheken- und ähnlichen Verträgen häufig Gebrauch gemacht worden. Californien hat mittelst derselben während der ganzen Papierära die Greenbacks von seinen Grenzen ferngehalten.

Für die Praxis des amerikanischen Schatzamtes, wie sie unter goldwährungsfreundlichen Administrationen geübt wurde, unterschieden sich Schatznoten und Greenbacks nicht von einander. Beide wurden als eine schwebende Goldschuld der Union betrachtet. Aber juristisch bestehen Unterschiede, von welchen insbesondere der folgende von Bedeutung geworden ist.

Die Greenbacks sind für Zollzahlungen nicht verwendbar, während die Schatznoten uneingeschränkt Zwangskurs geniessen. Dieser Unterschied machte sich während der kritischen Jahre der amerikanischen Goldwährung dadurch bemerkbar, dass, als es während der Krisis von 1893 zur Thesaurierung selbst von Papiergeld kam, die Schatznoten mit Vorliebe hierzu verwendet wurden und beim Handel in Währung ein kleines Agio gegenüber den Greenbacks bedangen.

Im Uebrigen sind Greenbacks und Schatznoten auch nach einer Entscheidung des Oberstaatsanwaltes der Union ganz gleich, was sich inbesondere darin äussert, dass sogen. Währungscertifikate, wie sie das Gesetz vom 8. Juni 1872 für Greenbacks geschaffen hat, auch für Schatznoten ausgestellt werden.

Die Währungscertifikate sind Ordrepapiere, welche auf eine bestimmte Summe Greenbacks (nicht unter 5000 Dollars) lauten. Sie haben weder Zwangs- noch Kassenkurs und sind wegen ihrer hohen Appoints fast nur als Bankreserven verwendbar.

Gold- und Silbercertificate sind Scheine, welche zur Erhebung einer bestimmten Summe in Münz- oder Barrengold bezw. Silberdollars berechtigen. Erstere lauten auf den Inhaber oder — (aber nur in Appoints von 5000 und 10000 Dollars) — an Ordre, letztere nur auf den Inhaber. Beide, Gold- und Silbercertificate, geniessen Kassenkurs bei den Regierungskassen und können einen Teil der gesetzlichen Reserven der Nationalbanken bilden.

Die Nationalbanknoten endlich geniessen in beschränktem Umfange Zwangskurs. Sie müssen bei allen Zahlungen von Nationalbanken unter einander, sowie bei Zahlungen aus der Staatskasse — ausgenommen die der Staatsschuldzinsen — angenommen werden; umgekehrt geniessen sie Kurs bei den Regierungskassen — ausgenommen bei Zollzahlungen. Wenn die Staatskasse in Ausübung der durch Hinterlegung gesetzlicher Zahlungsmittel seitens einer Nationalbank auf sie übergegangenen Verpflichtung eine Nationalbanknote einlöst[1]), hat sie in »gesetzlichem Geld«, also in Gold, Silberdollars, Greenbacks oder Schatznoten zu zahlen.

Ein innerer Grund für diese fast verwirrende Menge juristischer Unterscheidungen besteht nicht. Die Schatznoten namentlich sind nichts anderes als Greenbacks, und es wäre das Einfachste gewesen, sie von vornherein diesen auch juristisch völlig gleichzustellen.

Die Verbindung der Schatznoten mit dem mittels derselben angekauften Shermansilber ist eine ganz lose.

Die Aufbewahrung dieser Silberbarren in den Kellern des Schatzamts entbehrte jeden vernünftigen Sinns, nachdem die Thatsache, dass der Silberpreis durch die amerikanischen Käufe nicht gehoben werde, zur Evidenz erwiesen war. Es lag zinslos da — ein abschreckendes Beispiel unwirtschaftlicher Verschwendung von Staatsgeldern.

Was mit den 168674682,53 Unzen Silbers geschehen solle, welche mit einem Kostenaufwand von 155931002,25 Doll. gekauft worden waren, bereitete daher nach Aufhebung der Shermanbill dem Schatzamte mehr und mehr Sorgen. Allein man fand einen Ausweg. Die Shermanbill trifft nämlich unter Anderem die Bestimmung, niemals solle »eine grössere oder geringere Menge Schatznoten im Umlauf sein, als der Betrag der Kosten der mittels derselben gekauften Silberbarren, sowie der aus diesen Barren geprägten, im Besitze des Schatzamts befindlichen Silberdollars ausmache«.

Diese Bestimmung bedeutet, auf eine einfachere Formel gebracht, dass, sobald ein aus Shermansilber geprägter Dollar das Schatzamt verlässt, ein dafür eingetauschter Papierdollar (in Schatznotenform) vernichtet werden muss.

Während der letzten Periode ruhiger Währungsverhältnisse hat man nun diese Handhabe zur Verminderung der Schatznoten fleissig benützt. Es wurden in der Zeit vom 1. Januar 1896 bis 1. Januar 1900 aus dem Shermansilber 62 Millionen Silberdollars geprägt, und mit Hilfe eines Teiles

---

[1]) s. S. 22.

derselben der Betrag der Schatznoten von 137 Millionen Dollars auf 88 Millionen Dollars vermindert. Anfangs erfolgten die Prägungen freiwillig, aus eigener Initiative des Schatzsekretärs. Den Silberleuten im Kongress ging es auf diese Weise aber nicht rasch genug. Durch Gesetz vom 13. Juni 1898 wurde daher der Schatzsekretär angewiesen, aus dem noch vorhandenen Shermansilber monatlich 1 500000 Standardsilberdollars ausprägen zu lassen.

Durch diesen modus operandi wurde zwar auf der einen Seite ein Teil der gefährlichen Legaltendernoten allmählich aus der Welt geschafft, auf der anderen Seite aber der ohnehin schon bedenkliche Vorrat an Silberkurant noch weiter vermehrt. Der Fiskus profitirte dabei einige Millionen Seignorage und die Währung wurde weiter verschlechtert.

Warum hat man das zwecklos gekaufte Silber nicht einfach wieder verkauft? Der gegenwärtige Schatzsekretär hatte diesen Vorschlag, bevor er im Amt war, mit grosser Wärme verfochten. Allein als Schatzsekretär hat er sein Programm nicht durchführen können. Wer hätte auch von dem Lande, das soviel für das Silber gethan hat, erwarten können, dass es sich dem Odium aussetzen werde, der Welt den »Alp« wieder aufzusetzen, den ihr der deutsche Reichsbankpräsident im Jahre 1879 abnehmen zu müssen glaubte!

Man sieht auch nicht recht ein, warum sich die Vereinigten Staaten die Mühe und die Kosten machen, Gold für Privatleute im Schatzamt und bei den Unterschatzämtern in Depot zu nehmen und dafür Goldcertifikate auszustellen. In der Kriegszeit, als man diese Einrichtung, die sonst nirgends existiert, schuf, hatte sie einen Schein von Berechtigung. Die Regierung verlangte damals inmitten hochgradiger Papierinflation von den Importeuren die Zahlung der Zölle in Gold. Es war daher nicht unbillig, diesen durch kostenfreie Aufbewahrung des Metalls und Ausstellung eines Warrants, der die Zahlung des Zolls am betreffenden Zollhafen ohne grössere Unbequemlichkeiten wie Fracht und Versicherung gestattete, ein kleines Äquivalent zu bieten.

Heutzutage fehlen diese Billigkeitsgründe[1]) und das Vor-

[1]) Die Goldcertifikate werden vorwiegund von den Banken als Reserven verwendet.

kommen von grossen Ziffern anscheinender Goldvorräte in den Ausweisen des Schatzamts, die in Wirklichkeit im Eigentum von Privaten stehen, ist nur geeignet, dem Uneingeweihten die richtige Beurteilung der thatsächlichen Lage zu erschweren, die schon dadurch hinreichend verwirrt ist, dass das Schatzamt seine offensichtig irrige Schätzung des monetären Goldvorrats bisher einer Korrektur nicht unterwarf. Der Mehrverlust an Gold durch Abschleifung von Münzen im Umlauf, der bei der Beseitigung der Certifikate zu befürchten wäre, dürfte durch die Ersparnis an Verwaltungskosten des Schatzamtes mehr denn aufgewogen werden.

Die Währungscertifikate vollends können ohne irgend welchen volkswirtschaftlichen Nachteil aus dem Geldsystem der Union verschwinden.

Nachdem wir im Vorstehenden einen Blick auf die äussere Zusammensetzung des Geldwesens der Vereinigten Staaten geworfen haben, gehen wir zu einer Prüfung seiner inneren Verfassung über.

Der Geldumlauf der Vereinigten Staaten setzte sich am 1. Januar 1900 folgendermassen zusammen:

Millionen Dollars.

| | Im Besitz des Schatzamts. | Im Umlauf. | Total. |
|---|---|---|---|
| Gold (Münzen und Barren) | 237 | 618 | 1016 |
| Goldcertifikate[1] | — | 161 | |
| Standardsilberdollars | 11 | 70 | 476 |
| Silbercertifikate[1] | — | 395 | |
| Silberscheidemünzen | 3 | 76 | 79 |
| Schatznoten von 1890 | 1 | 87 | 88 |
| Greenbacks | 16 | 318 | 346 |
| Währungscertifikate[1] | — | 12 | |
| Nationalbanknoten | 4 | 242 | 246 |

Hiernach hätte das Gold am 1. Januar 1900 45 % der sämtlichen Umlaufsmittel ausgemacht, Silber ca. 25 %, Papiergeld ca. 20 %, Banknoten ca. 10 %.

[1]) Die in oben (S. 50) wiedergegebener Kassenbilanz auf der Aktivseite vorkommenden Certifikate werden nur zum Ersatz unbrauchbar gewordener Stucke bereit gehalten.

Vorstehende Tabelle entspricht indessen nicht recht der Wirklichkeit.

Dass das Schatzamt bei Aufstellung seiner Tabellen nicht die durch Verlust oder Abnützung oder Thesaurierung in Wegfall kommenden Stücke berücksichtigt, spielt zwar keine grosse Rolle. Nach einer vom amerikanischen Münzdirektor im Jahre 1898 angestellten Schätzung ist diese Fehlerquelle reichlich berücksichtigt, wenn von den Greenbacks ca. 5,5 Millionen Dollars in Abzug gebracht werden. Bei den Schatznoten, Gold- und Silbercertifikaten sind die Abgänge so gering, dass sie ruhig ausser Ansatz gelassen werden können.

Allein die Tabelle enthält einen Posten, der zugleich der wichtigste und der unzuverlässigste ist — das ist der monetäre Goldvorrat.

Er wird vom amerikanischen Schatzsekretär pro 1. Januar 1900 auf den stattlichen Betrag von 1016000000 Dollars angegeben.

Die erste Schätzung des monetären Goldvorrats der Union, auf welcher alle folgenden beruhen, wurde vom Münzdirektor Dr. Linderman am 30. Juni 1872 vorgenommen. Damals cirkulierte in der ganzen Union — (ausser den Staaten an der pacifischen Küste, insbesondere Kalifornien) — kein Gold. Visibel waren nur die Goldvorräte des Schatzamts und der Nationalbanken. Dr. Linderman veranschlagte den in den Staaten des fernen Westens cirkulierenden Betrag auf 20000000 Dollars, den in anderen Banken als Nationalbanken ruhenden und den vom Privatpublikum thesaurierten Betrag auf 10000000 Dollars. Auf Grund dieser, wie sofort einleuchtet, wenig exakten Grundlage schätzte Dr. Linderman den monetären Goldvorrat der Vereinigten Staaten am 30. Juni 1872 auf 128389864,49 Dollars.

Alle weiteren Schätzungen beruhen auf dieser Urschätzung. Die Münzdirektoren rechneten Jahr für Jahr die an den Prägestätten ermittelten Neuprägungen von Goldmünzen, sowie die von den Zollämtern mitgeteilten Goldeinfuhrziffern hinzu und zogen den bei Umprägungen sich ergebenden Verlust, den ermittelten Betrag der Goldausfuhr und einen auf freier

Schätzung beruhenden Betrag für Verwendung von Münzgold in der Industrie ab.

Dass diese Schätzung auf auch nur annähernde Genauigkeit keinen Anspruch machen kann, braucht nicht weiter ausgeführt zu werden.

Es lässt sich jedoch im Wege einer Gegenprobe ziemlich genau bestimmen, bis zu welchem Grade sie sich von der Wirklichkeit entfernen muss.

Der Nettogoldvorrat des Schatzamtes ist ja bekannt. Er betrug am 1. Januar 1900 237000000 Dollars. Also müssten am I. Januar 1900 ausserhalb des Schatzamtes

| | |
|---|---|
| | 1016000000 Dollars |
| | 237000000 Dollars |
| | 779000000 Dollars |

Goldes in Form von Goldcertifikaten, Münzen- und Barrengold vorhanden gewesen sein.

Der monetäre Goldbesitz der Nationalbanken, die nächst dem Schatzamte der Vereinigten Staaten die grössten Sammelstellen des Goldgeldes sind, betrug am 1. Januar 1900 275000000 Dollars. Der monetäre Goldbesitz aller übrigen Banken ist nach allem, was über das Verhältnis der Kassenreserven dieser Banken zu denen der Nationalbanken amtlich erhoben ist, mit 80% dieser Summe, d. i. ca. 220000000 Dollars, wahrscheinlich noch viel zu hoch geschätzt. Es ergäbe sich somit ein monetärer Goldbesitz sämtlicher Banken im Betrage von:

| | |
|---|---|
| | 275000000 Dollars |
| + | 220000000 Dollars |
| | 495000000 Dollars. |

Sonach müssten

| | |
|---|---|
| | 779000000 Dollars |
| — | 495000000 Dollars |
| | 284000000 Dollars |

im freien Verkehr cirkuliert haben oder thesauriert gewesen sein. Letztere Annahme verbietet sich ohne Weiteres durch die Erwägung, dass am 1. Januar 1900 in den Vereinigten Staaten auch nicht die geringste Veranlassung zur Thesaurierung grösserer Summen Goldes vorhanden war und eine unwirtschaftliche Aufspeicherung von Geld den Gepflogenheiten des amerikanischen Volkes nicht entspricht. Nicht minder ausgeschlossen ist aber, dass jene gewaltige Menge Goldes thatsächlich sich im Umlauf befand.

Da die 161 Millionen Dollars Goldcertifikate fast ausschliesslich im Besitz der Banken waren, so müsste nahezu die ganze Summe von 284000000 Dollars Gold ausserhalb derselben in natura umgelaufen sein. Dagegen spricht schon der blosse Augenschein[1]).

Obwohl sich der Umlauf von Goldmünzen in den letzten Jahren infolge der Einstellung der Neuemission von Goldcertifikaten (seit 1893) gehoben hat, so ist es doch Thatsache, dass auch in dieser Zeit wirkliches Gold in den Vereinigten Staaten in auffällig geringem Masse zirkulierte. Man geht daher kaum fehl, wenn man annimmt, dass die Schätzung des amerikanischen Münzdirektors um reichlich 100 Millionen zu hoch ist.

Es ist auch ziemlich offensichtlich, wo die Hauptfehlerquelle der offiziellen Schätzungen seit 1872 liegt. Das Münzamt setzt die latente Goldaus- und Einfuhr einander gleich. Mit Unrecht. Die Summen Goldes, welche von Amerikanern bei Reisen ins Ausland ausgegeben werden — und es handelt sich hier um sehr bedeutende Summen[2]) —, sind viel grösser als die Summen Goldes, welche von europäischen Reisenden und Einwanderern, die in den Vereinigten Staaten doch meist erst eine Existenz suchen, eingeführt werden. Einzelne Jahre ausnahmsweise grossen Fremdenzustroms nach den Vereinigten Staaten — wie gelegentlich der Chikagoer Weltausstellung — können bei der Länge der in Betracht kommenden Zeitperiode an diesem Resultate nichts ändern.

---

[1]) Leider besitzen wir keine zuverlässigen statistischen Erhebungen über den durchschnittlichen Anteil des Goldes am Kassenverkehr der Banken. Die in den Jahren 1890 und 1896 vorgenommenen Erhebungen des Schatzamtes, welche allerdings ergeben haben, dass der Anteil des Goldes am Kassenverkehr der Banken gegenüber den übrigen Geldsorten ein minimaler ist, sind unglücklicherweise beide in Zeiten aussergewöhnlicher Störung des Geldverkehrs vorgenommen worden.

[2]) Nach dem Ergebnis einer Umfrage des Münzdirektors bei Schiffahrtsgesellschaften u. A. gehen durchschnittlich 6—8 Millionen Dollars im Jahr auf diese Weise ins Ausland. Diese Summe dürfte aber viel zu niedrig gegriffen sein.

Es ergiebt sich sonach, wenn wir unsere Tabelle entsprechend berichtigen, dass in den Vereinigten Staaten am 1. Januar 1900:

| | |
|---|---|
| in Gold | ca. 916 Millionen Dollars |
| in Silber | ca. 555 Millionen Dollars |
| in Papiergeld | ca. 428 Millionen Dollars |
| in Banknoten | ca. 240 Millionen Dollars |

zirkulierten.

Der Umlauf fiduciarischen Geldes — Silber und Papier — überstieg also den Goldumlauf um etwa 67 Millionen Dollars.

Die Zusammensetzung des Geldumlaufs der wichtigsten Länder am 1. Januar 1899 nach der Schätzung des amerikanischen Münzdirektors.

Millionen Dollars

| | Gold | Silber | | | Ungedecktes Papier | Prozentverh. des Goldvorratsz. Silb. u. Papier |
|---|---|---|---|---|---|---|
| | | Kurant | Scheidem. | Total | | |
| Ver. Staaten | 845,8 [1]) | 563,7 | 75,3 | 639,0 | 329,7 | 46 % |
| Deutschland | 672,8 | 88,7 | 119,5 | 208,2 | 156,7 | 65 % |
| England | 462,3 | — | 111,9 | 111,9 | 111,6 | 67 % |
| Frankreich | 810,6 | 366,1 | 54,0 | 420,1 | 161,1 | 58 % |
| Russland | 740,4 | — | 81,9 | 81,9 | — | 89 % |
| Österreich-Ung. | 221,4 | 50,0 | 97,3 | 147,3 | 103,0 | 47 % |

Aus diesen Ziffern erhellt, dass die Vereinigten Staaten, was das Verhältnis oder richtiger Missverhältnis zwischen Gold und unterwertigem Gelde anlangt, noch vor Kurzem alle Staaten mit hinkender Goldwährung weit übertrafen.

Allein das wäre für sich allein nicht geeignet, die Sicherheit der amerikanischen Goldvaluta als eine fragwürdige erscheinen zu lassen.

Denn die Vereinigten Staaten sind ein Goldproduktionsland und diese Produktion ist noch immer im Steigen.

Was die Valuta der Vereinigten Staaten gefährdet, ist, dass ihr monetärer Goldvorrat jederzeit schutzlos

[1]) Diese Ziffer ist von mir berichtigt. Der amerikanische Münzdirektor schätzte den Goldumlauf pro 1. Januar 1899 auf 945,8 Millionen Dollars.

dem Zugriff aller Welt ausgesetzt ist. Sie besitzen weder Einrichtungen, diesen Zugriff zu erschweren, noch die Möglichkeit, durch künstliche Mittel — ausser durch Anleihen — den Goldstrom nach dem eigenen Lande zu dirigieren.

Das Schatzamt der Vereinigten Staaten ist in mancher Beziehung einer grossen Zentralbank zu vergleichen[1]), auf den Zu- und Abfluss des Goldes hat es jedoch so wenig Einfluss, wie auf Wind und Wetter. Es kann ebensowenig Diskonto-, wie Prämienpolitik treiben.

Gleich nach dem Beginn der grossen Goldbewegung, welche Ende der 80iger Jahre einsetzte, hat das Schatzamt allerdings einen kleinen Versuch gemacht, die Goldexporte aus den Vereinigten Staaten zu erschweren, indem es den Preis für die Fabrikation von Goldbarren, welcher bis dahin 40 cents pro 1000 Dollars betragen hatte, auf 60 cents erhöhte. Goldbarren sind nämlich, zumal wenn wenig neugeprägtes Gold im Inland erhältlich ist, wegen ihrer geringeren Abnützung und des kleineren Diebstahlsrisikos für Exportzwecke beliebter als Münzen, und bedingen daher häufig $^1/_5$—$^1/_8$ $^0/_0$ Agio, so dass Goldversendungen rentabel wurden, bevor die Wechselkurse den Goldpunkt für die Ausfuhr erreicht hatten. Diese Massregel des Schatzamtes hatte aber eine Wirkung, welche nicht erwartet worden war. Sie erleichterte die Goldentnahme aus den Vereinigten Staaten. Die Verteuerung des Barrenpreises führte naturgemäss zu einer vermehrten Nachfrage nach Goldmünzen, diese zu einer starken Zunahme der Goldprägung. (Die Prägung ist nämlich in den Vereinigten Staaten fast unentgeltlich; — es wird nur eine ganz geringe Vergütung für die Legierung erhoben). Die neugeprägten amerikanischen Goldmünzen sind nun aber bei den europäischen Zentralbanken sehr beliebt geworden und es wird nicht selten eine bald grössere, bald kleinere Prämie dafür bezahlt. Denn wenn

---

[1]) Es reguliert durch seine Transactionen mit den Nationalbanken bis zu einem gewissen Grade den Geldumlauf im Innern und kommt in Krisenzeiten, wenn es die Mittel des Staatsschatzes gestatten, dem Kreditverkehr nicht selten zu Hilfe.

die Wechselkurse den Ausfuhrpunkt erreicht haben, ist es natürlich von Vorteil, vollwichtige amerikanische Münzen zu besitzen[1]). Schliesslich hörte infolge dieser Verhältnisse der Export von Barrengold aus den Vereinigten Staaten ganz auf. Seit Juli 1898 wurde nur noch Münzgold aus den Vereinigten Staaten exportiert. Man hat sich daher vor kurzem wieder entschlossen, den Preis für Barrengold herabzusetzen.

Während also die europäischen Centralbanken durch ihre Diskonto- und Prämienpolitik — oft auch daneben durch andere kleine Mittel, wie die Gewährung zinsfreier Vorschüsse auf im Transit befindliche Goldsendungen — Gold aus den Vereinigten Staaten an sich ziehen, muss der amerikanische Schatzsekretär mit gebundenen Armen zusehen. Er hat auf die Goldbewegungen so gut wie keinen Einfluss. In normalen Zeiten, wie die gegenwärtigen, ist dieser Zustand ohne erheblichere Bedenken. Allein sobald sich der wirtschaftliche Horizont verfinstert, beginnt die endlose Kette zu laufen und die Grundlage, auf welcher die amerikanische Goldvaluta ruht, wird gefährdet. Im Jahre 1899 wurden dem Schatzamte mit Greenbacks und Schatznoten nur 18 und bezw. 8 Millionen Dollars Gold entzogen, im Jahre 1893 aber 93 und bezw. 52 Millionen Dollars. Von 1893—1896 musste das Schatzamt der Vereinigten Staaten nicht weniger als 463 Millionen Dollars Gold gegen Papiergeld umtauschen, also durchschnittlich in jedem Jahr die ganze für die Einlösung der Greenbacks bestimmte Goldreserve vollständig ausschütten.

---

[1]) Die amerikanische Gesetzgebung dagegen verbietet geradezu die Sammlung fremder Goldmünzen. Alle fremden Goldmunzen, welche vom Schatzamt der Vereinigten Staaten vereinnahmt werden, müssen nämlich eingeschmelzt werden. Auch dadurch wird die Goldausfuhr gefordert. Denn die aus den eingeschmelzten fremden Munzen gewonnenen Barren werden leichter exportiert, als die amerikanischen Barren. Der Grund ist einfach. Die Barren, welche beispielsweise aus eingeschmelzten 20 Frs.-Stücken entstehen, weisen genau das Mischungsverhältnis von Feingold und Legierung auf, welches das französische Münzgesetz vorschreibt. Es wird daher durch Herstellung solcher Barren den Goldexporteuren eine kleine Ausgabe erspart (die sie machen müssten, wenn sie amerikanische Barren, welche dieses Mischungsverhältnis nicht aufweisen, nach Paris exportieren würden), die Goldausfuhr also begünstigt.

Jede Verschlechterung der wirtschaftlichen Konjunktur bedeutet darum eine Verschlechterung der amerikanischen Goldvaluta. Ueberdies wird jede Verschlechterung der Konjunktur in den Vereinigten Staaten von einer Kräftigung der grossen inflationistischen Bewegung begleitet, welche das Land mit einer Ueberflutung bald mit unterwertigem Silber, bald mit Papiergeld, bald mit beidem bedroht. Diese Bewegung wird dann eine Ursache empfindlicher Goldverluste für die Vereinigten Staaten. Die europäischen Kapitalisten, welche im Besitze amerikanischen Wertpapiere sind, werden beunruhigt. Es wandern zu gleicher Zeit viele solcher Effekten auf den Markt und werden nach den Vereinigten Staaten remittiert. Die Zahlungsbilanz verschlechtert sich für die letzteren, zumal wenn gleichzeitig, z. B. infolge schlechter Ernten, die Ausfuhr zurückgeht; es kommt zu Goldexporten, und da dies die bequemste Art ist, Gold zu erlangen, so erscheinen die Exporteure mit Greenbacks und Schatznoten bewaffnet vor den Thoren des Schatzamts.

Dem Schatzsekretär steht dann zur Kräftigung seiner Goldreserve kein anderes Mittel zu Gebote, als die Aufnahme von Schulden. Ist mit Hilfe einer Anleihe der Staatsschatz wieder mit Gold gesättigt, so geht die Herrlichkeit eine Zeit lang weiter, bis eine abermalige Attacke von Greenbacks und Schatznoten die Position aufs neue gefährdet und eine neue Anleihe erforderlich wird.

Diese »endlose Kette«, ist das Grundübel der amerikanischen Geldverfassung. So lange sie weiterläuft, ist an eine dauernde Sicherheit nicht zu denken. So hoch auch der Kredit der Vereinigten Staaten zur Zeit ist, so würde doch auch in Zukunft die Notwendigkeit der Aufnahme grösserer Goldanleihen, zumal, wenn sie in rascher Folge sich wiederholen sollte, diesen Kredit bedeutend beeinträchtigen. Die Handelswelt würde sich auch in Zukunft beunruhigen, wenn die Goldreserve des amerikanischen Schatzamts sich wieder dem gesetzlichen Minimum nähern sollte, und diese Unruhe würde ihrerseits das Herabsinken der Reserve unter den gesetzlichen Minimalstand verursachen.

Freilich haben die Erfahrungen der letzten Jahre viele

Leute in den Vereinigten Staaten gegen die hieraus resultierenden Gefahren fast unempfindlich gemacht. Durch massenhaftes Einströmen von Gold ist der Geldumlauf derart mit diesem Metall gesättigt, — so hört man wohl argumentieren —, dass es von geringer Bedeutung ist, wenn die Reserve des Schatzamtes auch gelegentlich unter ihr gesetzliches Minimum fallen sollte. Berücksichtigt man jedoch, mit welcher Aengstlichkeit der Geldmarkt in den Vereinigten Staaten auch in den Zeiten der grössten Geldfülle die Goldexporte aus den Vereinigten Staaten beobachtet, so wird man solchem Optimismus einstweilen noch die Berechtigung absprechen müssen.

Richtig ist, dass der monetäre Goldvorrat der Vereinigten Staaten — trotz der schweren Goldverluste während der Jahre 1890—1896 — eine bedeutende Steigerung erfahren hat. Seit dem Tage der Wiederaufnahme der Barzahlungen, dem 1. Januar 1879, bis 1. Februar 1900 bezifferte sich die Zunahme der Goldcirkulation nach der Schätzung des amerikanischen Münzdirektors auf die Summe von 523200000 Dollars. Wenn diese Schätzung auch stark übertrieben ist, bleibt doch immer noch die Thatsache einer stattlichen Vermehrung des amerikanischen Goldvorrats bestehen. Allein solange das Schatzamt der Vereinigten Staaten als Goldreservoir fungiert, wird es für die Sicherheit der Valuta viel weniger auf die absolute Höhe des im Lande vorhandenen monetären Goldvorrats als auf den Goldbesitz dieser Centralstelle ankommen. Dieser ist aber, wie umstehende Tabelle zeigt, ausserordentlichen Schwankungen unterworfen, und wenn auch ein künftiges Sinken der Goldreserve unter ihr Minimum (ebensowenig wie bisher) nicht gleich zur Vernichtung der Goldwährung zu führen braucht, so würde sie doch das Wirtschaftsleben der Union aufs ungünstigste beeinflussen, weil nun einmal die beteiligten Kreise daran gewöhnt sind, den Goldausweis des Schatzamts als Gradmesser für die wirtschaftliche Gesamtlage zu betrachten.

Werden Greenbacks und Schatznoten aber eingezogen, und wird das Schatzamt damit des Charakters einer Wechselbank entkleidet, dann wird es für die Sturmfestigkeit der amerikanischen Goldwährung von vitaler Bedeutung, in welchem

Nettogoldvorrat des Schatzamtes.
Millionen Dollars.

| | | | | | |
|---|---|---|---|---|---|
| 1890 | 1. Juli | 184 | 1896 | 1. Jan. | 50 |
| | | | | 1. Juli | 111 |
| 1891 | 1. Jan. | 142 | 1897 | 1. Jan. | 145 |
| | 1. Juli | 121 | | 1. Juli | 141 |
| 1892 | 1. Jan. | 120 | 1898 | 1. Jan. | 164 |
| | 1. Juli. | 110 | | 1. Juli | 189 |
| 1893 | 1. Jan. | 108 | 1899 | 1. Jan. | 229 |
| | 1. Juli | 99 | | 1. Juli | 245 |
| 1894 | 1. Jan. | 65 | 1900 | 1. Jan. | 237 |
| | 1. Juli | 55 | | | |
| 1895 | 1. Jan. | 45 | | | |
| | 1. Juli | 107 | | | |

Masse der allgemeine Verkehr, insbesondere die Banken mit Gold gesättigt sind.

Es wurde gezeigt, dass erhebliche Zweifel in die Richtigkeit der amtlichen Schätzung des monetären Goldvorrats der Vereinigten Staaten gestattet sind, und dass dieser in einem bedenklichen Missverhältnisse zu dem Umlauf an fiduciarischem Gelde steht. Die Vereinigten Staaten haben also ein dringendes Interesse, ihren derzeitigen monetären Goldbesitz nicht allein zu erhalten, sondern noch bedeutend zu vermehren.

Die Fähigkeit hierzu hängt natürlich in erster Linie von der künftigen Weltgoldproduktion und derjenigen der Vereinigten Staaten im besonderen ab. In dieser Hinsicht scheinen die Erfahrungen der jüngsten Vergangenheit eine optimistischere Auffassung zu rechtfertigen.

Die kurze »Golddecke«, welche so lange Jahre ein Schlagwort für die Silberleute abgab, hat sich bekanntlich seit der Mitte der achtziger Jahre ganz ungeheuer vergrössert. Obwohl diese Entwicklung häufig genug dargestellt ist, ist es nicht ohne Nutzen, die Thatsachen in diesem Zusammenhange in aller Kürze in Erinnerung zu bringen.

Goldproduktion der Welt:

| Kalender-jahr. | Gold. | | Kalender-jahr. | Gold. | |
|---|---|---|---|---|---|
| | Unzen fein. | Wert. | | Unzen fein. | Wert. |
| 1860 . . | 6,486,262 | $ 134,083,000 | 1880 . . | 5,148,880 | $ 106,436,800 |
| 1861 . . | 5,949,582 | 122,989,000 | 1881 . . | 4,983,742 | 103,023,100 |
| 1862 . . | 5,949,582 | 122,989,000 | 1882 . . | 4,934,086 | 101,996,600 |
| 1863 . . | 5,949,582 | 122,989,000 | 1883 . . | 4,614,588 | 95,392,000 |
| 1864 . . | 5,949,582 | 122,989,000 | 1884 . . | 4,921,169 | 101,729,600 |
| 1865 . . | 5,949,582 | 122,989,000 | 1885 . . | 5,245,572 | 108,435,600 |
| 1866 . . | 6,270,086 | 129,614,000 | 1886 . . | 5,135,679 | 106,163,900 |
| 1867 . . | 6,270,086 | 129,614,000 | 1887 . | 5,116,681 | 105,774,900 |
| 1868 . . | 6,270,086 | 129,614,000 | 1888 . | 5,330,775 | 110,196,900 |
| 1869 . . | 6,270,086 | 129,614,000 | 1889 . | 5,973,790 | 123,489,200 |
| 1870 . . | 6,270,086 | 129,614,000 | 1890 . . | 5,749,306 | 118,848,700 |
| 1871 . . | 5,591,014 | 115,577,000 | 1891 . . | 6,320,194 | 130,650,000 |
| 1872 . . | 5,591,014 | 115,577,000 | 1892 . . | 7,094,266 | 146,651,500 |
| 1873 . . | 4,653,675 | 96,200,000 | 1893 . . | 7,618,811 | 157,494,800 |
| 1874 . . | 4,390,031 | 90,750,000 | 1894 . | 8,764,362 | 181,175,600 |
| 1875 . . | 4,716,563 | 97,500,000 | 1895 . . | 9,641,337 | 199,304,100 |
| 1876 . . | 5,016,488 | 103,700,000 | 1896 . . | 9,817,991 | 202,956,000 |
| 1877 . . | 5,512,196 | 113,947,200 | 1897 . . | 11,489,291 | 237,504,800 |
| 1878 . . | 5,761,114 | 119,092,800 | 1898 . . | 13,904,363 | 287,428,600 |
| 1879 . . | 5,262,174 | 108,778,800 | | | |

(Die Tabelle beruht für die Zeit von 1860—1872 auf der Schätzung Soetbeers, von da auf den Schätzungen des amerikanischen Münzdirektors.)

Der kolossalen Steigerung der Weltproduktion, welche seit 1849 infolge der Goldentdeckungen in Californien, Australien und Russland eintrat — (von 1850—1875 wurde mehr Gold gefördert, als in den vorausgegangenen 357 Jahren zusammengenommen) — schien gegen Ausgang der siebziger Jahre ein allmähliches Versiegen des Goldstroms folgen zu sollen. Die bekannten Vorräte der Erde drohten sich in absehbarer Zeit zu erschöpfen, und der berühmte Wiener Geologe Eduard Suess beschränkte in seinem 1877 erschienenen Buche »Die Zukunft des Goldes« die künftigen Aspirationen der Prospektors auf eine spärliche Nachlese in den seit Jahrtausenden ausgebeuteten Schichten des Alluviums.

Wie gründlich die Erde alle Prophezeiungen des Erdkundigen zu Schanden gemacht hat, ergiebt die eine Thatsache, dass in den fünf Jahren von 1892—1896 1335728 kg Gold gefördert wurden, gegen 1008750 kg in dem Jahrfünft 1856—1860, also um 32% mehr als in der Zeit, da berühmte Lehrer der Volkswirtschaft ernsthaft die Frage erörterten, ob das Gold angesichts seiner drohenden Entwertung noch länger zum Dienste als Währungsmetall tauglich sei.

Weitaus der überwiegende Teil dieser kolossalen Neuproduktion war dem Gangbergbau zu verdanken, welcher der Ergiebigkeit der neuen Produktionsquellen eine weit grössere Dauer verspricht, als die alte Art der Gewinnung des Goldes aus dem Alluvium. Die Goldproduktion Californiens im Jahre 1850 bestand ausschliesslich aus Alluvialgold. Von der Goldproduktion desselben Landes waren im Jahre 1892 nur mehr 10% Alluvial-, der Rest Ganggold.

Ebenso stammt das aus Westaustralien (seit 1887), das aus dem Witwatersrand in Transvaal (seit 1886) gewonnene Gold überwiegend aus den tiefgelegenen Gängen und wird mit allen Mitteln der modernen Maschinentechnik bergmännisch gefördert. Ueber 70 % der Weltproduktion verdanken wir nunmehr dem Bergbau.

Diese Thatsachen bilden einen merkwürdigen Kontrast zu der Ausführung von Suess in seinem berühmten Buche, dass das Gold so tief im Schosse der Erde ruhe, dass die schon nach kurzem Eindringen in die goldreiche Schicht auftretende Hitze dem Golgbergbau eine natürliche Schranke setze. Inzwischen ist dieser Industriezweig zu solcher Blüte gekommen, dass böse Menschen das Gerücht in der Welt verbreiten konnten, England suche sich einzig und allein um seinetwillen in den Besitz des Transvaals zu setzen.

Wie um allen Sehern für alle Zeiten die Lust am Prophezeien zu verderben, kam dann schliesslich die Entdeckung neuer ergiebiger Goldläger in Klondyke hinzu, die, wenn erst dieses ferne Gebiet durch Verkehrsmittel besser erschlossen sein wird, noch unabsehbare Ausbeute versprechen.

An der neuen Goldproduktion hatten die Vereinigten Staaten ihren reichen Anteil. Sie behaupteten bis 1897 die erste Stelle unter den Goldproduktionsländern der Welt, und wenn sie auch seither die Führerschaft an Transvaal und Westaustralien abgeben mussten, so ist ihrer Goldproduktion doch noch eine bedeutende Zukunft gewiss; jedenfalls ist sie zur Zeit in fortwährendem Steigen begriffen. Während die Goldproduktion der Vereinigten Staaten im Jahre 1898 noch um 537000 Dollars hinter der des Jahres 1853 (des Jahres der grössten Ausbeute Californiens) zurückblieb, hat die Goldproduktion des letzten Jahres (im Werte von ca. 70,5 Mill. Dollars) alle früheren Jahresproduktionen weit übertroffen.

Goldproduktion der Vereinigten Staaten:

| | | | |
|---|---|---|---|
| 2. April 1792 – 31. Juli 1834 | $ 14,000,000 | 1871 | $ 43,500,000 |
| | | 1872 | 36,000,000 |
| 31. Juli 1834 – 31. Dez. 1844 | 7,500,000 | 1873 | 36,000,000 |
| | | 1874 | 33,500,000 |
| 1845 | 1,008,327 | 1875 | 33,400,000 |
| 1846 | 1,139,357 | 1876 | 39,900,000 |
| 1847 | 889,085 | 1877 | 46.900,000 |
| 1848 | 10,000,000 | 1878 | 51,200,000 |
| 1849 | 40,000,000 | 1879 | 38,900,000 |
| 1850 | 50,000,000 | 1880 | 36,000,000 |
| 1851 | 55,000,000 | 1881 | 34,700,000 |
| 1852 | 60,000,000 | 1882 | 32,500,000 |
| 1853 | 65,000,000 | 1883 | 30,000,000 |
| 1854 | 60,000,000 | 1884 | 30,800,000 |
| 1855 | 55,000,000 | 1885 | 31,800,000 |
| 1856 | 55,000,000 | 1886 | 35,000,000 |
| 1857 | 55,000,000 | 1887 | 33,000,000 |
| 1858 | 50,000,000 | 1888 | 33,175,000 |
| 1859 | 50,000,000 | 1889 | 32,800,000 |
| 1860 | 46,000,000 | 1890 | 32,845,000 |
| 1861 | 43,000,000 | 1891 | 33,175,000 |
| 1862 | 39,200,000 | 1892 | 33,000,000 |
| 1863 | 40,000,000 | 1893 | 35,955,000 |
| 1864 | 46,100,000 | 1894 | 39,500,000 |
| 1865 | 53,225,000 | 1895 | 46,610,000 |
| 1866 | 53,500,000 | 1896 | 53,088,000 |
| 1867 | 51,725,000 | 1897 | 57,363,000 |
| 1868 | 48,000,000 | 1898 | 64,463,000 |
| 1869 | 49,500,000 | 1899 | c. 70,500,000 |
| 1870 | 50,000,000 | | |

Dabei ist es eine wenig beachtete Thatsache, dass weitaus der grösste Teil der amerikanischen Goldproduktion aus den sogenannten Silberstaaten kommt. Colorado, früher der Herd der Silberbewegung, steigerte seine Goldproduktion von

1890—1897 von 4150000 Dollars im ersteren Jahr auf 19104200 Dollars im letzteren. Gerade der Fall des Silberpreises und die schlimme Lage des Silberbergbaus führte zur vermehrten Inangriffnahme des Goldbergbaus. Nächst Colorado verspricht das alte Goldland Californien auch für die Zukunft reiche Ausbeute an Gold, zumal wenn das hydraulische Verfahren durch die im Interesse der Landwirtschaft erlassenen Gesetze dieses Staates nicht weiter behindert wird.

Allein, ob die amerikanische Goldproduktion ganz oder auch nur überwiegend dem amerikanischen Umlauf zu Gute kommt, das lässt sich schwer voraussagen.

In nebenstehender Tabelle heben sich deutlich vier Perioden von einander ab.

In der ersten — 1864—1877 — herrschte in den Vereinigten Staaten der Zwangskurs. Der Gresham'sche Satz kam zur uneingeschränkten Geltung. Die Mehrausfuhr des Goldes betrug 561639487 Dollars.

In der zweiten Periode — 1878—1888 — floss den Vereinigten Staaten — mit Unterbrechung während der Jahre 1884 und 1886 — der verlorene Goldschatz teilweise wieder zu. Die Mehreinfuhr betrug 224192846 Dollars. Die Hauptursache dieser Rückstauung war die seit Ende der siebziger Jahre beginnende bedeutende Getreideausfuhr, welche die bis dahin passive Handelsbilanz der Vereinigten Staaten in eine aktive verwandelte.

Die dritte Periode 1890—1896 umfasst die Blütezeit der amerikanischen Silberbewegung. Mehrausfuhr an Gold: 342106302 Dollars.

Die vierte Periode ist eine Zeit wiedererwachten Vertrauens in die Erhaltung der amerikanischen Goldwährung und riesiger Mehrausfuhr der Vereinigten Staaten. Die Mehreinfuhr an Gold betrug: 208911018 Dollars. Man sieht die Goldversorgung der Vereinigten Staaten ist ausserordentlichen Wechselfällen ausgesetzt.

Was wird die Zukunft bringen? Werden die Vereinigten Staaten, die gegenwärtig selbst alljährlich für ca. 70 Millionen Dollars Gold produzieren, dauernd dazu übergehen, Gold aus Europa an sich zu ziehen?

Goldbewegung von und nach den Vereinigten Staaten.

| Fiskaljahr 30. Juni — 30. Juni | Einfuhr $ | Ausfuhr $ | Mehreinfuhr $ | Mehrausfuhr $ |
|---|---|---|---|---|
| 1864 | 11,176,769 | 100,661,634 | — | 89,484,865 |
| 1865 | 6,498,228 | 58,381,033 | — | 51,882,805 |
| 1866 | 8,196,261 | 71,197,309 | — | 63,001,048 |
| 1867 | 17,024,866 | 39,026,627 | — | 22,001,761 |
| 1868 | 8,737,443 | 72,396,344 | — | 63,658,901 |
| 1869 | 14,132,568 | 36,033,498 | — | 21,870,930 |
| 1870 | 12,056,950 | 33,635,962 | — | 21,579,012 |
| 1871 | 6,883,561 | 66,686,208 | — | 59,802,647 |
| 1872 | 8,717,458 | 49,548,760 | — | 40,831,302 |
| 1873 | 8,682,447 | 44,856,715 | — | 36,174,268 |
| 1874 | 19,503,137 | 34,042,420 | — | 14,539,283 |
| 1875 | 13,696,793 | 66,980,977 | — | 53,284,184 |
| 1876 | 7,992,709 | 31,177,050 | — | 23,184,341 |
| 1877 | 26,246,234 | 26,590,374 | — | 314,140 |
| 1878 | 13,330,215 | 9,204,455 | 4,125,760 | — |
| 1879 | 5,624,948 | 4,587,614 | 1,037,334 | — |
| 1880 | 80,758,396 | 3,639,025 | 77,119,371 | — |
| 1881 | 100,031,259 | 2,565,132 | 97,466,127 | — |
| 1882 | 34,377,054 | 32,587,880 | 1,789,174 | — |
| 1883 | 17,734,149 | 11,600,886 | 6,133,261 | — |
| 1884 | 22,831,317 | 41,081,957 | — | 18,250,640 |
| 1885 | 26,691,696 | 8,477,892 | 18,213,804 | — |
| 1886 | 20,743,349 | 42,952,191 | — | 22,208,842 |
| 1887 | 42,910,601 | 9,701,187 | 33,209,414 | — |
| 1888 | 43,934,317 | 18,376,234 | 25,558,083 | — |
| 1889 | 10,284,858 | 59,952,285 | — | 49,667,427 |
| 1890 | 13,035,021 | 19,250,419 | — | 6,215,398 |
| 1891 | 18,447,370 | 86,397,405 | — | 67,950,035 |
| 1892 | 49,948,758 | 50,247,656 | — | 298,898 |
| 1893 | 22,069,380 | 108,922,975 | — | 86,853,595 |
| 1894 | 72,989,563 | 77,141,909 | — | 4,152,346 |
| 1895 | 36,384,760 | 66,468,485 | — | 30,083,721 |
| 1896 | 33,525,065 | 112,409,947 | — | 78,884,882 |
| 1897 | 85,014,780 | 40,361,580 | 44,653,200 | — |
| 1898 | 120,391,674 | 15,406,391 | 104,985,283 | — |
| 1899 | 88,954,603 | 37,522.086 | 51,432,517 | — |
| 1900[1]) | 33,825,403 | 25,985,385 | 7,840,018 | — |

Unsere Bimetallisten wissen es natürlich ganz genau. Sie stellen uns mit einem gewissen Behagen vor, dass die Ver-

[1]) 9 Monate (bis 1. April 1900).

einigten Staaten die längste Zeit der Goldlieferant Europas gewesen sind und prophezeihen, dass die Ordnung der amerikanischen Währungsverhältnisse mit absoluter Sicherheit zur Vernichtung der europäischen Goldwährungen führen müsse.

Wir übrigen Sterblichen, denen es nicht vergönnt ist, in die Zukunft zu blicken, müssen uns einstweilen mit der Erfahrung trösten, dass es den europäischen Centralbanken selbst in der Zeit des grössten Rückgangs der Goldproduktion trotz der Kassandrarufe der Silberleute gelungen ist, die erforderlichen Goldreserven zu erhalten, und dass die Weltproduktion des Goldes fortgesetzt eine beträchtliche Steigerung aufweist, die nur vorübergehend durch den Transvaalkrieg unterbrochen wird.

Es ist möglich, ja sogar wahrscheinlich, dass die Vereinigten Staaten noch für eine Reihe von Jahren fortfahren werden, ihren monetären Goldvorrat zu vermehren und zu diesem Behufe den grössten Teil ihrer inländischen Produktion für sich behalten werden. Dagegen werden sie kaum nötig haben, Gold aus Europa heranzuziehen.

Der Saldo der Handelsbilanz zwischen den Vereinigten Staaten und Europa ist in den letzten vier Jahren ungefähr um den Betrag von 1880000000 Dollars zu Gunsten der ersteren gewesen. Die Mehreinfuhr von Gold hat indessen nur ca. 208910000 Dollars betragen.

Daraus ist zu schliessen, dass die Vereinigten Staaten einstweilen einen grösseren Vorteil darin finden, einen Teil ihrer europäischen Verschuldung zu tilgen und eigenes Kapital in Europa anzulegen, als Gold in grösserem Umfange aus Europa an sich zu ziehen. In der That ist während der jüngsten Steigerung der europäischen Diskontsätze ein grosser Teil amerikanischer Guthaben bei uns stehen geblieben und auch auf sonstige Weise ist amerikanisches Kapital in Europa investiert worden. Dadurch sind grössere Goldexporte, welche sonst erforderlich gewesen wären, vermieden worden.

Die Verschuldung der Vereinigten Staaten gegenüber Europa ist eine sehr bedeutende und wird auch in künftigen Jahren, selbst wenn amerikanisches Kapital mehr und mehr bei uns Anlage suchen sollte, immer noch eine bedeutende bleiben. Die Zinsen des in den Vereinigten Staaten angelegten europäischen Kapitals werden daher wohl auch in Zukunft unsere an die Vereinigten Staaten abzuführenden Schuldzinsen ganz erheblich übersteigen. Dazu kommt der Ueberschuss an Gold, welchen uns der Reiseverkehr einbringt, die Mehrversendungen an Gold der in den Vereinigten Staaten ansässigen Europäer gegenüber den nach den Vereinigten Staaten gehenden Sendungen in Europa lebender Amerikaner, die Frachten, welche die Amerikaner an europäische Kauffahrteischiffe zu zahlen haben, alles Posten, welche in der Zahlungsbilanz stark zu unsern Gunsten ins Gewicht fallen. Die Handelsbilanz muss also auch in künftigen Jahren sehr erheblich zu Gunsten der Vereinigten Staaten ausfallen, wenn die Zahlungsbilanz für dieselben activ bleiben soll, und der Mangel einer die Goldbewegungen kontrollierenden Zentralbank setzt die Vereinigten Staaten fortgesetzt der Gefahr aus, bei einer kleineren Verschlechterung der Konjunktur wieder einen erheblichen Teil ihres Goldvorrats an Europa abgeben zu müssen.

Wenn daher auch der amerikanische Goldvorrat angesichts der zu erwartenden Steigerung der inländischen Produktion und bei Fortdauer der gegenwärtigen günstigen Konjunktur wahrscheinlich noch weiter zunehmen wird, so ist doch auf diese Zunahme und ihre Dauer nicht mit solcher Bestimmtheit zu rechnen, dass dadurch alle Fürsorge für die Zukunft entbehrlich gemacht würde. Die Sorglosigkeit derer, die da meinen, dass das bei Beiseitigung der Greenbacks entstehende Vacuum leicht und dauernd durch Einströmen von Gold in den amerikanischen Umlauf wettgemacht werden würde, wird auch durch die letztjährigen Ereignisse nicht hinreichend begründet.

Die Bevölkerung der Vereinigten Staaten nimmt fortgesetzt — jährlich um ca. 1 ½ Millionen Seelen — zu. Die Einwohnerzahl, welche sich nach dem Census von 1880 auf 50155783 Seelen bezifferte, wurde am 1. Januar 1900 auf 76977000 Seelen geschätzt. Die Steigerung des Wohlstandes sei nur durch die Thatsache gekennzeichnet, dass im letzten Jahrzehnt die durchschnittliche Höhe der Depositenguthaben bei den Nationalbanken von 874 Dollars auf 919 Dollars, bei den Sparkassen von 379 Dollars auf 419 Dollars, die Zahl der

Depositare bei den Nationalbanken von 1650044 auf 2744459, bei den Sparkassen von 3811059 auf 5207653 gestiegen ist.

Bei steigendem Wohlstand und wachsender Bevölkerungszahl wächst natürlich auch der Bedarf an Umlaufsmitteln für die Umsätze des kleinen Inlandverkehrs[1]) — (der grosse Inlandverkehr bedient sich zu Umlaufszwecken fast ausschlieslich des Kredits).

In den Jahren 1878—1890 wurde das steigende Bedürfnis an Geldzeichen in Wertabschnitten von 1 Dollar bis 10 Dollars, wie wir gesehen haben, durch die Silberdollars bezw. durch die Silbercertifikate befriedigt; in den Jahren 1890—1893 boten die Schatznoten sogar über das augenblickliche Bedürfnis hinaus die erforderliche Vermehrung der Umlaufsmittel dar. Seit Aufhebung der Shermanbill ist aber der hier in Rede stehende Teil des amerikanischen Umlaufs trotz Vermehrung der Silbercertifikate und der Goldzirkulation hinter dem Verkehrsbedürfnis zurückgeblieben.

Das natürlichste und tauglichste Mittel zur Lösung dieser Aufgabe, welche mit der Einziehung des Papiergeldes untrennbar verknüpft ist, ist ein elastisches Banknotenwesen. Aber gerade damit stösst man auf einen der wundesten Punkte des amerikanischen Geldsystems.

---

[1]) Der Umlauf an Papiersorten in Appoints unter 20 Dollars stieg beispielsweise 1897/98 um 41657037 Dollars, 1898/99 um 58665416 Dollars gegen das Vorjahr. Er betrug im lezteren Jahre $ 903090803.

## II.

Die Banknote, welche in Deutschland und anderen Ländern das elastische Umlaufsmittel κατ' ἐξοχὴν ist, ist in den Vereinigten Staaten fast völlig verkümmert. In dem Bestreben, jeden Verlust der Notengläubiger unmöglich zu machen, hat man die Notenzirkulation fast unmöglich gemacht[1]). Der amerikanische Gesetzgeber hat dabei die Rolle des vorsichtigen Hausvaters gespielt, der seine Kinder, um sie vor der Gefahr des Luftzugs zu behüten, in so viel Tücher und Tüchelchen einwickelt, dass sie darin ersticken.

Wollen die Banken ihre Zirkulation ausdehnen, so genügt es nicht, die auf Vorrat gedruckte Note hervorzuholen und gute Wechsel zu diskontieren. Vor allem ist die Note nicht immer im Vorrat gedruckt, wie wir oben[2]) gezeigt haben. Man muss also warten bis sie kommt. Sodann erfordern die Vorbereitungen umfangreiche Kalkulationen. Der Bankier muss den Kurs der Bonds, die er sich verschaffen muss, den 5 procentigen Einlösungsfonds, die Steuer, die Herstellungs- und Transportkosten in Rechnung ziehen. All das ist so umständlich, dass dem Bankier, bis er im Klaren ist, ob das Geschäft rentiert, leicht auch die Lust hiezu vergangen ist.

---

[1]) Die Notenglaubiger der Banken sind in dreifacher Weise gesichert: 1. durch das beim Schatzamt ruhende Pfand (Bonds), das im Notfall veraussert wird; 2. durch den 5 prozentigen Einlosungsfond beim Schatzamt; 3. durch den Kredit der Vereinigten Staaten, welche alle Noten insolventer Banken einlosen und dafur im Konkurse ein Vorrecht auf sämtliche Aktiven der Bank und die persönliche Haftung der Bankteilhaber besitzen.

[2]) s. S. 37 Anm.

Will eine Bank ihre Zirkulation vermindern, geht es schon viel einfacher. Sie hinterlegt dann einen der einzuziehenden Notenmenge entsprechenden Betrag »in gesetzlichem Gelde« beim Schatzmeister. Dafür erhält sie ihre Bonds zurück und braucht sich um nichts mehr zu kümmern. Die Zirkulation ist dann freilich noch lange nicht vermindert. Die Noten sind ein so bequemes und absolut sicheres Umlaufsmittel, dass sie dem Schatzamte meist nicht viel früher zur Einlösung präsentirt werden, als bis sich der durchschnittliche Sinn für Reinlichkeit gegen ihre weitere Zirkulation aufbäumt. In dem Jahrzehnt vom 3. Oktober 1882 bis 31. Oktober 1892 war beispielsweise das Verhältnis des actuellen Notenumlaufs zum nominellen (abzüglich der »gerichteten« Noten) das folgende:

Millionen Dollars.

| | | | |
|---|---|---|---|
| 1882 | 362,7 | : | 342,3 |
| 1883 | 352,0 | : | 316,0 |
| 1884 | 333,6 | : | 291,8 |
| 1885 | 315,8 | : | 276,3 |
| 1886 | 301,5 | : | 219,7 |
| 1887 | 272,0 | : | 169,2 |
| 1888 | 239,4 | : | 152,4 |
| 1889 | 202,0 | : | 130,2 |
| 1890 | 178,8 | : | 125,0 |
| 1891 | 172,2 | : | 136,7 |
| 1892 | 172,4 | : | 147,2 |

Viele der »gerichteten Noten« werden überhaupt niemals zur Einlösung präsentiert, weil sie vorher zu Grunde gehen. Den daraus resultierenden Gewinn heimst der Fiskus ein.

Mit der Elastizität ist es bei diesem Mechanismus also nicht zum besten bestellt. Immerhin funktioniert die »Contraktion« noch besser, als die »Expansion«, obwohl das der Volksströmung in den Vereinigten Staaten genau zuwiderläuft. Denn die gravitiert — und zwar nicht ohne Grund — nach »mehr Geld« [1]).

[1]) Wobei freilich die meisten Leute nicht die kleinen Umlaufsmittel, die in der Zeit der Erntebewegung thatsächlich meist zu knapp sind, sondern ihren Kapitalbesitz im Auge haben, der ihnen zu allen Jahreszeiten zu klein ist.

Früher, zur Zeit des Bürgerkrieges, war das Notengeschäft eine sehr gewinnreiche Operation. Die Banken profitierten in dreifacher Weise. Sie bezogen einen hohen Zins aus den hinterlegten Bonds, heimsten den mit der Notenausgabe verbundenen Zinsgewinn ein und profitierten schliesslich riesig durch die Kurssteigerung der Bonds, die sie tief unter pari erworben hatten und deren Kurse mit der Steigerung des Kredits der Union infolge der bevorstehenden Valutaregulierung fortgesetzt stiegen. Das war ein so gewinnreiches Geschäft, dass es in den Vereinigten Staaten legendär geworden ist, und dass sich viele Leute noch heute von ihrem Staunen oder ihrer Entrüstung darüber nicht haben erholen können. Und doch ist schon lange alles anders geworden! Das Notengeschäft ist so wenig rentabel, dass es die meisten Nationalbanken, soweit dies überhaupt möglich ist, aufgegeben und sich überwiegend der Pflege anderer Geschäfte, insbesondere des Depositengeschäftes, zugewendet haben. Der Betrag der Notenzirkulation, die im Jahre 1873 noch 339081799 Dollars betrug, war bis zum Jahre 1890 bis auf 122928085 Dollars gesunken und ist nur infolge der Neuausgabe von Bonds in den letzten Jahren wieder etwas in die Höhe gegangen. Am 1. Januar 1900 betrug sie 246277223 Dollars. Gleichzeitig hat sich der Depositenverkehr der Nationalbanken von 638600000 Dollars in 1873 auf 2404000000 Dollars in 1899 gesteigert.

Es klingt paradox, entspricht aber den Thatsachen, dass die Notenzirkulation der Vereinigten Staaten die Steigerung während des letzten Jahrzehnts nur dem Umstande zu verdanken hat, dass die Vereinigten Staaten durch den kläglichen Zustand ihres Währungssystems und dann durch den Krieg mit Spanien zur Ausgabe neuer Bonds gezwungen worden sind. Andernfalls wäre das Notengeschäft der Nationalbanken unrettbarem Niedergang verfallen. Denn mit der fortschreitenden Tilgung der Staatsschuld sinkt der Kurs derjenigen Bonds, deren Einlösung vor der Thür steht, fortgesetzt, weshalb es im Interesse der Banken gelegen ist, sich rechtzeitig dieses Besitzes möglichst zu entäussern und infolgedessen ihre Notenzirkulation zu verringern.

Im Allgemeinen ist die Abneigung der Banken, ihr Kapital

über den gesetzlich notwendigen Betrag hinaus[1]) in Bonds zu investieren, um so grösser, je höher der in ihrem Geschäftsbezirke übliche Zinsfuss ist. Sie können ihre Mittel bequemer und rentabler in Leihgeschäften verwerten, wenn der Marktzins entsprechend hoch ist.

Nun ist der landesübliche Zinsfuss in den überwiegend agrarischen Staaten des Südens und Westens weit höher als im kapitalreicheren, industriellen Osten. Dort ist also im Ganzen das Notengeschäft für die Banken weniger rentabel, als hier. Dies bestätigt die Bankstatistik. Eine Gruppe von 132 Banken in drei typischen Neu-Englandstaaten, mit zusammen 17530250 Dollars Kapital, deren Minimum der Notenemission[2]) nur 3650625 Dollars betragen würde, emittierten in 1897 10036586 Dollars. Eine zweite Gruppe von 264 Nationalbanken des Westens, die zusammen 25457100 Dollars Kapital besassen und mindestens 4681597 Dollars emittieren müssen, emittierten nur unerheblich mehr, als sie zu thun gezwungen waren, — 5518237 Dollars. Eine dritte Gruppe von 102 Nationalbanken in 6 Südstaaten vollends, die bei zusammen 10779000 Dollars Kapital 2273400 Dollars Banknoten zu emittieren genötigt sind, emittierten in Wirklichkeit 2568317 Dollars[3]).

Es würde zu dem übrigen System des amerikanischen Geldwesens nicht passen, wenn nicht der thatsächliche Be-

---

[1]) s. S. 30.

[2]) D. h. Minimum der zu hinterlegenden Bonds (s. S. 30), fur welche die Banken naturlich Banknoten emittieren, da sie sonst ausschliesslich die Zinsen dieser Bonds gewinnen würden.

[3]) Wie weit in der ganzen Union die Notenzirkulation hinter dem möglichen Hochstbetrage zuruckbleibt, zeigt folgende Tabelle:

Nach dem Stand vom 30. Juni 1899:

| | Kapital | Zirkulation | Mögliche Zirkulation | Moglicher Zuwachs |
|---|---|---|---|---|
| Neu-England-Staaten | $ 144,028,970 | $ 48,173,141 | $ 129,626,073 | $ 81,452,938 |
| Oststaaten | 190,175,175 | 70,265,519 | 171,157,657 | 100,892,138 |
| Südstaaten | 63,943,765 | 21,063,265 | 57,549,389 | 36,486,124 |
| Mittelstaaten | 157,474,317 | 47,353,612 | 141,726,886 | 94,373,284 |
| Weststaaten | 29,906,100 | 8,631,245 | 26,915,490 | 18,284,245 |
| Pacificstaaten | 19,337,000 | 3,871,610 | 17,403,300 | 13,531,690 |
| Zusammen | 604,865,327 | 199,358,382 | 544,378,795 | 345,020,413 |

darf an Banknoten in umgekehrtem Verhältnisse zu ihrer Verbreitung stünde. Dort, wo die Banknote am gesuchtesten ist, im Süden und Westen, ist das Notengeschäft am unrentabelsten! Und die Banken sind nicht einmal in der Lage, es ganz aufzugeben, ihr Kapital auf wirtschaftlichere Weise anzulegen und dadurch zur allmählichen Verbilligung des Zinsfusses beizutragen, weil sie das Gesetz zwingt, einen namhaften Teil ihres Kapitals in Bonds der Vereinigten Staaten zu immobilisieren.

Dazu kommt, dass dieses kuriose Umlaufsmittel sich nicht nur lokal, sondern auch zeitlich in umgekehrtem Verhältnis zum wirtschaftlichen Bedürfnis bewegt. Wenn Handel und Wandel darniederliegen, die allgemeine Lustlosigkeit alles Bargeld den Bankreserven zutreibt und der Zinsfuss niedrig ist, dann ist in den Vereinigten Staaten die Zeit für eine Vermehrung der Notenzirkulation gekommen. Wenn sich dagegen der Geldmarkt versteift, die Zinsraten anziehen und alles nach einer Vermehrung der Zirkulationsmittel verlangt, dann machen die Nationalbanken die besten Geschäfte, wenn sie möglichst wenig Banknoten emittieren und alle verfügbaren Mittel den Leihgeschäften zuwenden.

Einen kuriosen Beleg hierfür liefert folgendes Intermezzo aus dem Krisenjahr 1893.

Am 1. Juni 1893 hielten die Vereinigten Banken von New-York, die sich auf die Panik nach Kräften vorbereitet hatten, eine Ueberschussreserve — über die gesetzlichen 25 % hinaus — von 21000000 Dollars. Um diese Zeit bezifferte sich die Summe der ausstehenden Banknoten auf ungefähr 177000000 Dollars. Die ausbrechende Panik reduzierte den Betrag der Bankreserven derart, dass sie am 1. August bis auf 14000000 Dollars unter dem gesetzlichen Minimum angelangt waren. In der Zwischenzeit hatte sich die Nationalbanknotenzirkulation um ganze 5000000 Dollars ausgedehnt. Am 1. September aber, als die Reserven nur mehr 5000000 Dollars unter dem Minimum sich bewegten, der Sturm vorüber und für eine weitere Vermehrung der Umlaufsmittel kein Bedürfnis vorhanden war, begannen die Noten sich plötzlich in ganz anderem Tempo auszudehnen. Der Umlauf stieg, befördert durch die sonstige Geschäftsstille, welche den

Diskont herabdrückte und das Leihgeschäft unrentabel machte, von 199800000 Dollars am 1. September bis auf 209300000 Dollars am 1. November, obwohl die auf die Panik naturgemäss nachfolgende Plethora jede weitere Vermehrung der Umlaufsmittel um diese Zeit vollständig entbehrlich machte. Die Nationalbanknote spielte bei dieser Gelegenheit die Rolle des Nachtwächters, der Feuerlärm zu tuten anfängt, wenn der Brand vorüber ist.

Die »Deckung« der Noten durch Bonds nimmt diesen völlig den Charakter als Kreditmittel und macht sie, wenn das hinterlegte Pfand aus Staatspapieren besteht, dem Papiergeld völlig ähnlich. Sie ist in Wahrheit gar keine Deckung im banktechnischen Sinne. Erst wenn die Noten nicht eingelöst werden, tritt die »Deckung« in Wirksamkeit. Hier soll, wie Adolf Wagner es prägnant bezeichnet, »nicht sowohl die Einlösbarkeit der Note gesichert, als vielmehr ein schliesslicher Verlust an der uneinlösbar gewordenen Note verhütet werden«. Statt in Verbindung mit dem Auf und Ab der wirtschaftlichen Bewegung, die in der Zu- und Abnahme des Wechselverkehrs ihren Ausdruck findet, sich zu verändern, wird die amerikanische Banknotenzirkulation durch die Menge und die Kurse der Staatspapiere beeinflusst und schwankt in umgekehrtem Verhältnis zum Verkehrsbedürfnis.

Die Deckung durch Bonds ist ferner nicht nur keine »Deckung« im technischen Sinne, d. h. eine Deckung durch kurzfällige, leicht realisierbare, sichere Forderungen, sondern sie ist geradezu ein Hindernis der bankmässigen Deckung, insofern sie einen erheblichen Teil des für Diskontierungen sonst disponibeln Kapitals in Staatspapieren festzulegen zwingt.

Schliesslich ist es überhaupt geradezu widersinnig, ein so wichtiges Glied des Kreditverkehrs, wie die Banknote es ist, von dem Vorhandensein einer Staatsschuld abhängig zu machen. Sollte für die Vereinigten Staaten je die Zeit wiederkehren, wo sie ihre Staatsschuld ganz oder grösstenteils getilgt haben werden, so würde dieses finanzwirtschaftlich erfreuliche Ergebnis das Ende des Notenwesens bedeuten — der Staat müsste sich denn entschliessen, die Tilgung seiner Schulden einzustellen und neue dazu aufzunehmen, lediglich um den Nationalbanken auch fernerhin die Notenemission zu ermöglichen.

Eine Verbesserung des Nationalbanksystems ohne prinzipielle Umgestaltung ist daher nicht möglich. Selbst wenn man durch Ermässigung der Notensteuer, Erhöhung der zulässigen Emission auf 100 % des Nominalwertes der Bonds, raschere Lieferung der bestellten Noten durch das Kontrollamt und dgl. das Notengeschäft rentabler macht, als es bisher gewesen ist, bleibt es nach wie vor notwendigerweise unelastisch. Man kann dadurch eine Steigerung der Notenzirkulation herbeiführen, aber man riskiert, dass diese sich immer in den Augenblicken vollzieht, in welchen die wirtschaftlichen Bedürfnisse eine Verminderung der Noten verlangen würden.

Trotzdem gilt das Bondsystem vielen Leuten als das »beste und sicherste System, welches die Welt je gesehen«, und sie betrachten es darum als unantastbar. Greenbacks und Banknoten werden eben als eine Art Kriegsveteranen verehrt, und wie man diesen mit verschwenderischer Hand Pensionen spendet, so lässt man auch die Nationalbanknoten und die Greenbacks ihr Dasein weiter fristen.

Auch der gegenwärtige Kontrolleur des Geldumlaufs, Dawes, ist einer radikalen Aenderung des Notenbankwesens abgeneigt. Er wie viele Andere legen der Notenfrage im Hinblick auf den Depositenverkehr keine besondere Wichtigkeit bei. So namentlich Prof. Dunbar, welcher meint:

»Angesichts der ausserordentlichen Ausdehnung dieses Teils unseres Kreditumlaufs sinkt die Frage nach der Grösse der Nationalbanknotenzirkulation zur Bedeutungslosigkeit herab«.

Leistet nun der Depositenverkehr auch wirklich so viel, dass er ein elastisches Notensystem entbehrlich macht?

Unter »deposit« versteht man in England und den Vereinigten Staaten nicht allein die Guthaben bei einer Bank, welche durch Hinterlegung von Bargeld oder anderen Vermögensobjekten bei dieser entstehen, sondern überhaupt jeden stets fälligen (selten kurz terminierten) Kredit, welchen eine Bank ihrem Kunden in ihren Büchern gutschreibt. Viele solcher deposits kommen durch die Diskontierung von Warenwechseln zur Entstehung. Ueber sein deposit verfügt der

Kunde meist durch Check, der, wenn er von der Bank certificiert ist, was in den Vereinigten Staaten häufig vorkommt, praktisch zur Banknote wird. Die Tilgung solcher Checkguthaben erfolgt zum geringsten Teile durch Barzahlung, weitaus der grösste Teil wird durch Aufrechnung im Clearinghause beglichen, woselbst, wenigstens in den Vereinigten Staaten, der Saldo in bar bezahlt wird. (In England wird auch der Saldo durch Gutschrift in den Büchern der Bank von England wett gemacht.) Dass die Depositen genau so gut Gelddienste thun, wie die Banknote, ist eine alte Erkenntnis. Schon Alexander Hamilton äusserte sich darüber in seinem Gutachten über die Errichtung einer Bundesbank im Jahre 1790, wie folgt:

»Jedes Darlehen, das eine Bank verspricht, ist zunächst ein Buchkredit, welchen sie ihrem Kunden einräumt und den sie, sei es in ihren eigenen Noten, sei es in Gold oder Silber nach Wahl des Kunden zu realisieren bereit ist. Der Kreditnehmer überträgt diesen Kredit häufig durch Check oder Anweisung auf irgend einen Andern, dem er eine Zahlung zu machen hat; der seinerseits ist damit zufrieden, da er den Kredit nach Belieben in Bargeld umwandeln oder an irgend einen Dritten für Bargeld übertragen kann. Auf solche Weise zirkuliert der Kredit und thut Schritt für Schritt Gelddienste, bis er dadurch erlischt, dass irgend eine Person, die einen gleichen oder grösseren Betrag an die Bank schuldet, ihn diskontiert.«

Wenn es nun auch zweifellos richtig ist, dass die Depositen. die an keine solchen Beschränkungen gebunden sind, wie die Notenemission, in normalen Zeiten ein sicheres und elastisches Umlaufsmittel darstellen, so besitzt doch die Banknote bestimmte Vorzüge, welche sie für den Geldverkehr unentbehrlich machen.

Es ist einleuchtend, dass der Check nur dort einen Ersatz für die Banknote bieten kann, wo das Bankwesen schon in Blüte steht, wo auch der kleine Mann ein Conto bei einer Bank besitzt, und der Name der Bank dem Nehmer des Checks hinreichende Garantien für dessen Sicherheit bietet. Der Check eignet sich daher einerseits vorzüglich für die Bank- und Handelskreise in den grossen Verkehrscentren, die in der Lage sind, die Kreditwürdigkeit des Ausstellers und seiner Bank zu prüfen und zu beurteilen, und auch für die Geschäftsleute in kleineren Städten, die genau mit ihren gegenseitigen Verhältnissen vertraut sind. Er eignet sich dagegen nicht für den Geldverkehr in dünnbesiedelten, kapitalarmen Gemeinwesen. Hier hat die mit grösseren öffentlichen Garantieen ausgestattete Banknote auch in normalen Zeiten ihr natürliches Feld. Ueberhaupt ist die Umlaufsfähigkeit der Banknote ihrem Wesen nach grösser, als die des Checks. Sie eignet sich, da sie auf runde Summen lautet, vortrefflich als Grossgeld des kleineren Zahlungsverkehrs, während der Check sich besser für den grossen Zahlungsverkehr — namentlich der Banken untereinander — qualifiziert.

Entsprechend diesen Besonderheiten der beiden wichtigsten Geldsurrogate ist ihre geographische Verteilung in den Vereinigten Staaten verschieden. Im Westen und Süden der Vereinigten Staaten, in den vorwiegend agrarischen Gegenden, ist, wie die statistischen Erhebungen des Kontrolleurs des Geldumlaufs ergeben, der Depositenverkehr am wenigsten entwickelt, wie dort eben überhaupt das Bankwesen weniger entwickelt ist, als in den Oststaaten. Die dünnere Besiedelung des Landes, die Konzentration des Geschäftslebens auf die Zeit der Erntebewegung und — nicht zu vergessen — die Agitation gegen die »Geldmacht«, die den Betrieb einer Bank im fernen Westen fast mit Lebensgefahr verbunden erscheinen lässt, haben diese Entwicklung aufgehalten. Vor allem aber wurde sie durch das Nationalbankgesetz gehindert, das den Banken die Errichtung von Filialen schlechthin untersagte und die Staatenbanken, welche bis zum Ausbruch des Bürgerkrieges in diesen Landesteilen bestanden, zum grossen Teil vernichtete.

Hier in den Agrikulturstaaten, wo infolge des im Laufe des Jahres und im Laufe der Jahre ausserordentlich schwankenden Bedarfs an Umlaufsmitteln der Mangel eines elastischen Glieds im Geldwesen am meisten empfunden wird, bietet daher der Depositen- und Checkverkehr keinen oder nicht genügenden Ersatz. Zwar ist der amerikanische Farmer — ungleich dem französischen und einem guten Teile unserer Landleute — ebensowenig ein Freund des Hartgelds, als irgend ein Amerikaner des Ostens. Von dieser Regel macht nicht einmal der

»Dollar der Väter« eine Ausnahme. Aber der Gebrauch des Checkbuchs ist dem Farmer doch weniger geläufig, und er zieht daher die Banknote als das greifbarere Geldsurrogat vor. Die Nationalbanken der hier in Frage kommenden Gegenden sind aber bei der verzweifeltsten Anstrengung, ihre Notenemission in der Zeit von Juli bis Oktober zu vergrössern, absolut ausser Stande, dem lokalen Bedürfnis an Umlaufsmitteln zu genügen; sie sind genötigt, ihre Reserven aus den Reservestädten zurückzurufen, (um damit Bonds, die für die beabsichtigte Vermehrung des Notenumlaufs als Unterlage dienen müssen, anzukaufen), und, da oft auch damit nicht geholfen ist, ihren Kredit bei ihren Korrespondenten in den Reservestädten in Anspruch zu nehmen.

Da sich dieser alljährlich auftretende Kreditbedarf nie ganz genau vorausberechnen lässt, kommt der Geldmarkt in New-York, woselbst der Schwerpunkt des Kreditverkehrs ruht, durch diesen Zug nach dem Westen, leicht in gefährliche Mitleidenschaft. Andererseits eröffnet sich für die Spekulation an den Verkehrscentren im Osten eine bequeme Gelegenheit, aus der Notlage der Agrikulturstaaten Kapital zu schlagen. Daher die Unbeliebtheit von »Wallstreet« im Süden und Westen.

Bietet sonach der Depositenverkehr schon in normalen Geschäftszeiten keinen vollen Ersatz für ein elastisches Banknotensystem, so versagt er ganz und gar in Zeiten der Panik. Hier kann — vollends beim Mangel einer den Diskontmarkt beherrschenden zentralen Bank mit ausgebreitetem Filialnetze — nur ein solches Kreditmittel retten, das neben dem Erfordernisse der Elastizität auch allen Ansprüchen an seine Sicherheit genügt. Die amerikanische Banknote würde nun als Kreditreserve und Umlaufsmittel für den Notfall (»emergency circulation«) sich im Unterschiede von den Depositen ganz vorzüglich eignen, — wenn sie nur elastischer wäre. Aber ihre Sicherheit steht eben in umgekehrtem Verhältnisse zu ihrer Elastizität. Sie eignet sich für den Zweck, den sie bei besserer Organisation des Notenbankwesens erfüllen könnte, so wenig, wie sich eine schwere eiserne Kassette zur Taschengeldbörse eignet. So erleben wir es denn, dass bei den in den Vereinigten Staaten gar nicht selten auftretenden

Millionen Dollars:

| | Noten. | Depositen. | | | | | Clearings in New-York. | |
|---|---|---|---|---|---|---|---|---|
| | National-banken. | National-banken. | Spar-banken. | Staat- und Privat-banken. | Leihkassen und Trustcomp. | Zusammen: | im ganzen Jahr. | Tages-durch-schnitt. |
| 12. Juli 1889 | 129 | 1442 | 1444 | 590 | 300 | 3776 | 34,796 | 115 |
| 16. Juli 1894 | 172 | 1678 | 1778 | 724 | 471 | 4651 | 24,230 | 80 |
| 30. Juni 1899 | 202 | 2522 | 2182 | 1229 | 835 | 6768 | 60,761 | 200 |

Diese Tabelle beruht auf einer vom Kontroleur des Geldumaufs im Jahre 1899 angestellten Umfrage, die von 9732 Banken und Bankiers beantwortet wurde. Einschliesslich der Depositen der ca. 3000 Institute, welche die Anfrage nicht beantworteten, wurden die Depositen aller Banken in der Union pro 1899 auf $ 5751467610 geschatzt.

heftigen Wirtschaftskrisen die Banken an den grösseren Handelsplätzen die Barzahlungen unter einander einstellen und in Ermangelung eines Besseren durch Ausgabe sogen. Clearinghauscertifikate auf eigene Faust ein elastisches Umlaufsmittel creiren. Da aber auch dieser Notbehelf nicht ausreicht, kommt es in Zeiten der Panik vor, dass sich gewisse Verkehrskreise vorübergehend auf alle mögliche Weise Banknotensurrogate verschaffen.

Gewiss hat sich der Depositenverkehr in den Vereinigten Staaten in staunenswertem Masse entwickelt und ist noch weiterer Entwicklung fähig. Einen vollen Ersatz für ein elastisches Notensystem wird er aber niemals bieten. Eine gesunde Verfassung des Kreditwesens verlangt ein Nebeneinanderbestehen beider Zweige der Bankthätigkeit, deren jeder, ungeachtet einer gewissen Verwandtschaft, an seiner Stelle besondere Funktionen erfüllt.

Die üblen Folgen des Mangels eines wirklich elastischen Notenwesens werden durch die Transaktionen des amerikanischen Schatzamtes — je nach Umständen — vermehrt oder vermindert; vermehrt, wenn der Beamte, der an der Spitze dieses wichtigen Ressorts steht, verkehrte Massnahmen trifft, vermindert, wenn er von seinen Geldmitteln den der wirtschaftlichen Lage entsprechenden Gebrauch macht. Die Wirksamkeit dieses Aushilfsmittels hängt daher von einer doppelten, nicht immer gegebenen Voraussetzung ab, einmal, dass an der Spitze des Schatzamts ein mit dem Geschäftsleben vertrauter Mann steht, sodann, dass die augenblickliche Finanzlage die im Interesse der Gesamtheit gebotenen Transaktionen auch erlaubt.

Das amerikanische Schatzamt mit seinen 12 Filialen hat im Fiskaljahre 1899 2393199747 Dollars einkassiert und 2371283629 Dollars ausgezahlt. Wer in solchem Umfange Geld einnimmt und auszahlt, hat auf die Bewegung der Zirkulation naturgemäss den grössten Einfluss. Ausserdem beeinflusst das Schatzamt durch eine Reihe ordentlicher und ausserordentlicher finanzieller Transaktionen grössten Stils den Geldmarkt in der erheblichsten Weise.

Der amerikanische Schatzsekretär hat auf Grund des Nationalbankgesetzes die Wahl, seine Kassenvorräte mit Hilfe der Unterschatzämter selber zu verwalten oder aber sie bei den — z. Zt. 3858 — Nationalbanken, unter welchen er sich beliebige aussuchen kann, zu deponieren. Das verleiht ihm die Möglichkeit, Ausdehnung [1]) und Einschränkung der inländischen Zirkulation zu beeinflussen, dem Mangel eines elastischen Notenwesens also bis zu einem gewissen Grade abzuhelfen. Freilich nur bis zu einem gewissen Grade. Denn auch der amerikanische Schatzsekretär kann nicht mehr Geld verausgaben, als er hat.

Mit dieser Möglichkeit einer Beeinflussung der inländischen Geldzirkulation ist aber eine Einwirkung auf den Geldmarkt

---

[1]) Auf diese Weise werden die Nationalbanken in den ostlichen Reservestädten in Zeiten ausserordentlichen Bedarfs an Umlaufsmitteln in Stand gesetzt, ohne Gefährdung der eigenen Solvenz den übrigen Banken einen grosseren Teil ihrer Barmittel vorzuschiessen. Von Wichtigkeit werden die Regierungsdepositen für die Banken namentlich in der Zeit des »Moving the crops«. Im Sommer 1898 beispielsweise, als der Geldmarkt wegen der Aufnahme der 200 Millionen Kriegsanleihe »versteift« war, bedeutete es für die Banken eine grosse Erleichterung, dass das Schatzamt von Juli bis Oktober seine Depositen um rund 65 Millionen Dollars erhöhte, während die gleichzeitige Steigerung der Notenzirkulation nicht den zehnten Teil dieser Summe ausmachte.

und damit auf das ganze wirtschaftliche Leben unlösbar verbunden, die ihre ernsten Bedenken hat.

Nichts hindert z. B. den Schatzsekretär, die staatlichen Depositen in besonders reichem Masse irgend einer Nationalbank zufliesen zu lassen, die mit dem Standard Oil Trust oder einer ähnlichen Korporation in intimer Verbindung steht, und so unter Umständen Transaktionen zu unterstützen, die allem eher dienen, als dem allgemeinen Interesse. Sollte die Union je einen populistischen Schatzsekretär erhalten, so wäre dieser durch kein Gesetz verhindert, alle Staatsdepositen zur Unzeit zu kündigen und in die Keller des Schatzamts einzusperren oder den Banken im Süden und Westen und womöglich den allerkleinsten Nationalbanken zufliessen zu lassen, die am ehesten zu leichtsinniger Geschäftsführung hinneigen [1]).

Man muss bei Würdigung dieser Verhältnisse berücksichtigen, dass die Leitung des Schatzamts mindestens alle vier Jahre wechselt, und dass von dem Inhaber dieses einflussreichen und verantwortungsvollen Postens ein Befähigungsnachweis nicht verlangt wird. Selbst ein in diesen Dingen so erfahrener Mann, wie der gegenwärtige Schatzsekretär, ist dem Vorwurfe, den Geldmarkt störend beeinflusst zu haben, nicht entgangen.

Es liegt in der Natur der Dinge, dass das Schatzamt, das so zahlreiche Aufgaben zu erfüllen hat und das schliesslich doch der engeren Fühlung mit dem Geschäftsleben entbehrt, (schon weil es in Washington, weitab vom Zentrum des Wirtschaftslebens der Union seinen Sitz hat), für ein zentrales Bankinstitut mit elastischem Notensystem nur sehr unvollkommen Ersatz bietet. Den Geschäftsleuten der Union erscheint der Schatzsekretär mindestens ebenso oft in der Rolle des Brandstifters, wie in der des Nothelfers, und sie würden es daher am liebsten sehen, wenn er gar nichts mehr darein zu reden hätte. »Das Schatzamt soll das Bankgeschäft aufstecken« — diese Forderung wird von den Bankkreisen fast mit Einstimmigkeit erhoben. — Wer aber soll dann für die Regelung des Geldumlaufs im Innern und für die Erhaltung der Währung sorgen?

---

[1]) Nach dem Gesetze muss der Schatzsekretar zwar von den Banken Sicherheit verlangen; aber Art und Umfang derselben hängt von seinem Ermessen ab.

## III.

Die Beobachtung, dass die drei grossen Goldwährungsländer Deutschland, England und Frankreich im Besitze zentraler Notenbanken sind und durch diese Banken, obwohl sie nicht in der glücklichen Lage sind, eine gewaltige Goldproduktion im Inlande zu besitzen, auch in der Zeit des grössten Rückgangs der Goldproduktion jederzeit im stande waren, einen zur Sicherung der Währung hinreichenden monetären Goldvorrat zu bewahren, hat naturgemäss in den Vereinigten Staaten den Gedanken angeregt, ob zur Durchführung der beabsichtigten Reformen der Währung, des Staatspapiergeldes und des Zettelwesens nicht die Gründung einer Bundesbank von Nutzen wäre.

Eine solche Bank würde das Schatzamt von einer Aufgabe befreien, der es nach seiner ganzen Organisation nicht gewachsen ist. Sie würde als Hüterin des monetären Goldvorrates fungieren und die Goldbewegungen vermittelst einer rationellen Diskonto- oder Prämienpolitik kontrollieren. In den Besitz des Notenmonopols[1]) gesetzt, würde sie dem Geldverkehr ein wirklich elastisches Umlaufsmittel verschaffen, das zur Zeit völlig mangelt. Vermöge ihres überlegenen Kredits würde sie, unterstützt durch ein über das ganze Bundesgebiet ausgebreitetes Netz von Filialen, in kritischen Augenblicken eine feste Säule des Kreditverkehrs bilden.

---

[1]) Viele von denen, welche, wie Henry V. Poor, fur die Errichtung einer Bundesbank eintreten, wollen freilich von einem Notenmonopol nichts wissen. Das Wort Monopol hat im Augenblick in den Vereinigten Staaten keinen guten Klang.

Da sie nicht ausschliesslich von privatwirtschaftlichen Gesichtspunkten aus geleitet, sondern die Interessen der Gesamtheit zur Richtschnur nehmen würde, würde sie bei Anlage von Filialen auch solchen Gegenden der Union die Segnungen des Bankverkehrs zu teil werden lassen, von welchen sich die Privatbanken bisher mangels verlockender Gewinnchancen oder aus anderen Gründen fern gehalten haben. Sie würde auf diese Weise die wirtschaftliche Entfaltung aller Teile des Landes begünstigen und eine allmähliche Ausgleichung und Ermässigung der Zinssätze im ganzen weiten Gebiete der Union heibeiführen[1]).

Dabei wäre die Organisation dieser Bundesbank durch den reichen Schatz an Erfahrungen, welchen Deutschland, England und Frankreich auf diesem Gebiete gesammelt haben, ausserordentlich erleichtert.

Staatsrechtliche Schwierigkeiten wären nicht zu überwinden, weil die Verfassungsmässigkeit eines solchen Instituts angesichts der Thatsache, dass die Vereinigten Staaten zweimal in ihrer Geschichte ähnliche Institute begründet haben, feststeht. Auch die Rücksicht auf erworbene Rechte würde nicht schwer ins Gewicht fallen. Die Uebertragung des Notenprivilegs von den Nationalbanken auf die Bundesbank würde im Vergleich zu der Uebertragung dieses Privilegs von den Staatenbanken auf die Nationalbanken im Wege der Erhebung einer Prohibitivsteuer, wie sie im Jahre 1865 durchgeführt wurde, eine viel geringere Beeinträchtigung der materiellen Interessen dieser Banken bedeuten. Ist ja doch das Notenprivileg für viele derselben fast ein privilegium odiosum geworden. Sie könnten als reine Depositenbanken ebensogut,

[1]) Die Verschiedenheit der Diskontsätze in den einzelnen Teilen der Union ist in der That erstaunlich. Wahrend beispielsweise der durchschnittliche Diskontsatz für gute kaufmännische Wechsel mit mindestens zwei Unterschriften in dem Jahrfunft 1893—1897 in New-York 4,41 % betrug, bezifferte sich der durchschnittliche Dinkontsatz in Denver (Colorado) auf 10 %, in Savannah (Georgien) auf 7,99 %. Eine Hauptursache dieser Verschiedenheiten ist sicherlich in dem relativen Mangel an Banken in den westlichen und südlichen Landesteilen zu suchen, welcher seinerseits wiederum mit den Mangeln des Nationalbanksystems in Verbindung steht; doch spielen noch zahlreiche andere Momente der Wirtschafts- und Rechtsordnung der Vereinigten Staaten dabei eine Rolle.

ja noch besser prosperieren. Von dem Zwange befreit, einen grossen Teil ihres Kapitals durch Anlage in Bonds der Vereinigten Staaten zu immobilisieren, würden sie ihre vorhandenen Mittel dem Kreditverkehr in grösserem Umfang zur Verfügung stellen können. So würde die gesamte Volkswirtschaft durch billigere Diskontsätze von dieser Umwandlung der National- in Depositenbanken profitieren. Schliesslich wäre bei dem hohen Kredit der Vereinigten Staaten eine ernstliche Gefährdung des fiscalischen Interesses — dadurch, dass plötzlich ein grosser Teil der Staatsschuldverschreibungen auf den Markt geworfen würde — jedenfalls auf die Dauer nicht zu befürchten. Im Gegenteil würde die zu erwartende Stärkung der Kapitalkraft des Landes und die Verminderung des Zinsfusses die Konversion der gesamten Staatsschuld bedeutend erleichtern.

Dies ist ungefähr der Gedankengang derer, welche die Errichtung einer neuen, der dritten Bundesbank in den Vereinigten Staaten in den Kreis ihrer Erwägungen ziehen.

Leicht beieinander wohnen die Gedanken; doch hart im Raume stossen sich die Dinge. So schön die Idee der Gründung einer Bundesbank ist, so unausführbar ist sie.

Eine zentrale Notenbank, wie sie hier gedacht ist, kann nicht als reines Privatinstitut begründet werden. Die mit dem Besitz des Notenmonopols verbundene Machtfülle kann der Staat nicht uneingeschränkt in die Hand einzelner Individuen legen. Man ist vielleicht geneigt, einzuwenden, dass dieses Argument im Heimatlande des Standard Oil Trust, des Zuckertrusts, der grossen Privateisenbahnsysteme hinfällig sei. Allein bekanntlich haben eben diese berüchtigten Kapitalvereine durch die rücksichtslose Ausbeutung ihrer Macht sich so verhasst gemacht, dass eine Bewegung gegen sie im Gange ist, die an Heftigkeit und Nachhaltigkeit vielleicht in Bälde die Silberbewegung übertreffen und voraussichtlich in dem kommenden Präsidentenschaftswahlkampf eine grosse Rolle spielen wird. Sie ist heute schon mächtig genug, um die Uebertragung des Notenmonopols auf ein Privatinstitut in den Bereich des Unmöglichen zu verweisen. Aber eine solche Einrichtung wäre auch technisch verfehlt. Ein Institut, wie es hier gedacht ist, muss unter Umständen im Hinblick auf überwiegende allgemeine Insteressen auf den grösstmöglichen Reingewinn verzichten, und zu solcher Entsagung würde sich ein reines Privatinstitut nicht leicht aufschwingen. Der Gedanke der Gründung einer reinen Staatsbank ist aber nicht minder utopisch. Zwar ist die Idee, dass der Staat »alles Geld für das Volk« emittieren solle, bei einem grossen Teil der amerikanischen Wähler sehr populär. Das macht die Schule der Inflationisten und Protectionisten. Dass der Staat dazu da ist, um die Geldbörsen seiner Unterthanen zu füllen, ist eine ganz verbreitete Vorstellung; man verargt ihm nur, dass er dieser seiner Verpflichtung nur gegenüber den grossen Unternehmern und nicht auch gegnüber dem »Volke« nachkommt. Es ist auch nicht zu übersehen, dass das Vereinigte-Staatenschatzamt mit seinen Filialen einer staatlichen Centralbank in mancher Beziehung schon heute gar nicht so unähnlich sieht. Sind nun aber die Unzuträglichkeiten, die sich aus dem alle 4 Jahre eintretenden radikalen Wechsel in den leitenden Stellen dieses Ressorts ergeben, schlimm genug, wie müsste die Sache sich erst bei einer wirklichen Bundesbank gestalten? Man denke sich eine grosse Bank, deren Beamtenpersonal vom Präsidenten des Direktoriums angefangen bis herunter zum letzten Ausgeher alle 4 Jahre erneuert würde! Die Möglichkeit der Bildung einer gesunden Tradition, welche eine Lebensbedingung für ein solches Institut darstellt, wäre völlig ausgeschlossen.

Der »Staat«, das ist in den Vereinigten Staaten die im Augenblick am Ruder befindliche Partei: heute die republikanische, morgen die demokratische. Diese Parteien repräsentieren nicht mehr, wie früher, einheitliche, in ihren Interessen und Anschauungen scharf geschiedene sociale Gruppen, — sie sind auch keine »freien wirtschaftlichen Vereinigungen«, wenn schon innerhalb der republikanischen Partei mehr industrielle und kommerzielle Interessen, insbesondere die der grossen Trusts,[1]) in der demokratischen

[1]) Dass übrigens auch die demokratische »Maschine« trotz ihrer Trustfeindlichkeit gelegentlich mit den Trusts Geschäfte macht, haben erst jüngst die skandalösen Vorgänge in New-York bewiesen, woselbst die demokratische Stadtverwaltung mit dem Eistrust conspirierte.

mehr die der Konsumenten, namentlich die Interessen der Lohnarbeiter zum Wort kommen. In ihrem innersten Wesen sind beide Parteiverbände heutzutage nichts anderes als zwei riesige Firmen, die die Politik als Geschäft betreiben und sich gegenseitig mit allen Chikanen des unlauteren Wettbewerbes Konkurrenz machen. Der Durchschnittsamerikaner hat keine Zeit, sich mit politischer Arbeit abzugeben. Das besorgen die »politicians« seiner Partei, der er oft mehr aus Tradition als aus einer bestimmten Ueberzeugung angehört. Die halten für ihn die Reden, sagen ihm, was er über die augenblicklichen »issues« zu denken hat, und machen die Wahlen. Ihre Entlohnung bilden die kleinen und grossen Aemter, die die Stadt, der Einzelstaat und die Union zu vergeben haben. Es sind nicht immer die besten Elemente, welche sich diesen Beruf erwählen, und man begreift, dass gerade die geistige Elite wenig Lust verspürt, sich in dieses wenig anziehende politische Getriebe zu mengen. Thut sie es ausnahmsweise doch, so erlebt sie es nicht selten, dass sie der vorzüglichen Organisation der »Maschinenpolitiker« nicht gewachsen ist.

Nach diesen Ausführungen wird man die Ansicht derer wohl begreiflich finden, die da meinen, eine Staatsbank, selbst wenn sie politisch möglich wäre, würde weniger dem öffentlichen Interesse, als der politischen Korruption dienen. Darum bietet schliesslich auch der Mittelweg — (Verbindung von Staats- und Privatinstitut) —, der in Deutschland mit so grossem Erfolg eingeschlagen wurde, keine Aussicht auf Verwirklichung des Projektes. »Die beiden Banken dieser Art, die wir zu Anfang ihrer geschichtlichen Entwicklung besessen haben« — sagt Horace White — »erfüllten ihre Aufgabe der Regelung des Geldumlaufs. Sie beseitigten grosse Uebelstände unseres nationalen Finanzwesens. Sie wirkten in vieler Hinsicht segensreich und die Geschäftswelt war völlig mit ihnen zufrieden. Aber beide stolperten über die Politik und brachen dabei das Genick. Wenn es Leute geben sollte, welche erwarten, eine neue Bank der Vereinigten Staaten werde in dieser Hinsicht glücklicher sein, — ich zähle nicht zu diesen Leuten.«

Die Errichtung einer Bundesbank in den Vereinigten

Staaten gehört daher vorerst in das Bereich der patriotischen Phantasien.

Bemerkenswert ist übrigens die Erscheinung, dass der Plan einer panamerikanischen Zentralbank, die ihr Filialnetz über den ganzen amerikanischen Kontinent erstrecken soll, in den Vereinigten Staaten von den Politikern viel häufiger und scheinbar ernsthafter erörtert wird, als der Plan einer zentralen Notenbank. Eine Spezialkommission des panamerikanischen Kongresses von 1889 hat einen bis in die Details ausgearbeiteten Plan für eine solche panamerikanische Bank des Längeren diskutiert — die Bank ist als reine Diskonto- und Depositenbank, nicht als Notenbank gedacht — und noch vor Jahresfrist hat der Senat über ein ähnliches Projekt debattiert. Allein darin liegt kein Widerspruch. Der panamerikanische Gedanke wird von den Imperialisten von Zeit zu Zeit, sei es in Gestalt des Projektes einer panamerikanischen Bank, sei es einer panamerikanischen Zollunion, Eisenbahn und dergl. zur Stimmungsmache hervorgeholt. An eine ernsthafte Verwirklichung solcher Projekte in absehbarer Zeit denkt kein Mensch. Diese Dinge gehören, wie der internationale Bimetallismus, zum offiziellen Kriegsschmuck der Parteihäuptlinge.

Die völlige Aussichtslosigkeit des Projekts einer zentralen Notenbank wird von einzelnen Schriftstellern in den Vereinigten Staaten mit lebhafter Genugthuung begrüsst. Sie sind der Meinung, dass, wie gross immer die Verbreitung der privilegierten Zentralnotenbank in der alten Welt sein möge, aus den europäischen Erfahrungen auf die Verhältnisse in den Vereinigten Staaten keine Rückschlüsse gezogen werden dürften. Die Veinigten Staaten hätten in vielfacher Hinsicht eben ganz andere Bedürfnisse als die »alte Welt«. Die weitgehende Dezentralisation des Bankwesens sei gerade das den wirtschaftlichen Verhältnissen eines so ausgedehnten und differenzierten Landes Entsprechende.

Diese Argumentation ist stark von einer patriotischen Ueberschätzung der Institutionen der neuen Welt diktiert. Die für die Forderung weitgehender Dezentralisation ins Feld geführte räumliche Ausdehnung des Bundesgebietes ist im Zeitalter des Telegraphen und der Eisenbahnen noch weniger von durchschlagender Bedeutung, als sie es am Anfang des neunzehnten Jahrhunderts während des Bestehens der beiden Vereinigte-Staatenbanken gewesen ist. Gewichtiger ist der Hinweis auf die wirtschaftliche Differenzierung des Landes. Allein auch das deutsche Reich ist ein wirtschaftlich sehr verschieden gestaltetes Land; und doch haben die Filialen der Reichsbank sich überall eingebürgert. Ausserdem wird mit dem Fortschreiten der Entwicklung die Verschiedenheit des wirtschaftlichen Charakters der einzelnen Landesteile der amerikanischen Union vermindert. Insbesondere macht die industrielle Entwicklung des vormals rein agrarischen Südens Riesenschritte. Der natürliche Vorzug der Baumwollverarbeitung unmittelbar am Produktionsorte des Rohstoffes wird zweifellos in beträchtlichem Masse zur Verlegung des Standortes dieses Produktionszweiges nach dem Süden führen. Auch andere wichtige Industrieen, für welche ähnliche natürliche Bedingungen vorhanden sind, sowie der wachsende Handelsverkehr mit Kuba werden den wirtschaftlichen Charakter des Südens mehr und mehr dem der alten Nordstaaten näher bringen. Gleiche Wirkung wird im fernen Westen die Erweiterung der Handelsbeziehungen mit Ostasien, insbesondere mit den neuen amerikanischen Kolonieen, erzielen. Mag übrigens die wirtschaftliche Differenzierung des Landes noch so gross sein und bleiben, so brauchte doch hieran das Projekt einer Zentralbank nicht zu scheitern. Auch bei grosser Ausdehnung des Filialnetzes der Zentralbank würden andere Kreditinstitute in genügender Anzahl existenzfähig bleiben, die in der Befriedigung besonderer lokaler Bedürfnisse ein reiches Feld ihrer Thätigkeit finden würden. Denn die Filialen der Zentralbank könnten unmöglich alle Zweige des Bankgeschäfts und alle in gleich intensiver Weise pflegen.

In der That sind es mehr politische als wirtschaftliche Momente, auf welchen die Dezentralisation der amerikanischen Bankverfassung beruht. Die Einzelstaaten, durch die Verfassung der Möglichkeit beraubt, Geld durch Ausgabe von Papier billig zu machen und so auf bequeme Weise ihren Finanzen aufzuhelfen, erreichten dasselbe Ziel durch Gründung von Notenbanken. Dabei stand nicht nur das Interesse des Staates, der sich für die Erteilung des Freibriefs von jeder Bank bedeutende Prämien zahlen liess, sondern namentlich auch das der Politiker, welche sich häufig von den Bankgründern ihre Stimme in der Legislatur teuer abkaufen liessen — (ganz abgesehen von dem demokratischen Prinzip des gleichen Rechts für Alle) — der Privilegierung einer einzigen Bank innerhalb des Einzelstaates im Wege. Das Beispiel von Indiana, wo die Gründung einer reinen Staatsbank zur Bildung eines hochstehenden zentralisierten Notensystems führte, steht leider vereinzelt da. So fanden denn die Schöpfer des Nationalbankgesetzes bereits ca. 1600 Bankinstitute mit Notenemissionsrecht vor, und da in der ersten Hälfte des Rebellions-Krieges für die Nordstaaten viel darauf ankam, die Sympathien der Banken und ihre finanzielle Unterstützung zu erhalten, so konnte nicht daran gedacht werden, diese zahlreichen Schöpfungen, in denen sich zudem ein wesentlicher Rest der Souveränität der Einzelstaaten behauptete, einfach zu Gunsten einer privilegierten Bundesbank zu vernichten.

Wenigstens hat aber das Nationalbankgesetz in seinen Bestimmungen über die Konzentration der Depositenreserven in gewissen Hauptplätzen und namentlich in New-York die Banken der einzelnen Landesteile in eine engere Verbindung zu bringen versucht. Allein die notwendige Ergänzung wäre die Ermächtigung zur Anlage von Filialen[1]) für die Grossbanken gewesen. Da dies unterlassen wurde, hat jene Zentralisation der Bankreserven nur dahin gewirkt, die Geschäftsführung der Banken im Westen und Süden vielfach nachteilig zu beeinflussen und die Reservestädte zu Spekulationszentren zu machen. Die Erteilung der Erlaubnis zur Anlage von Filialen im ganzen Bundesgebiete hätte zweifellos längst zur Konzentration des Notengeschäftes in den Händen weniger Grossbanken geführt und statt einer

---

[1]) Das Nationalbankgesetz fesselt die Banken an einen bestimmten Platz. Nach einer neueren Entscheidung des Kontrolleurs des Geldumlaufs darf die Bank auch nur eine einzige Niederlassung innerhalb desselben Stadtgebietes besitzen. Auch diese Bestimmung ist eine Nachahmung des New-Yorker Bankgesetzes. Dieses verbot im Jahre 1848 das Filialsystem. Einzelne Banken hatten ihre Hauptniederlassung moglichst nahe dem Rande der Wildnis errichtet, um die Präsentation ihrer Noten zur Einlosung zu erschweren.

Vielheit von kleinen Instituten, die als disiecta membra poetae über das Unionsgebiet zerstreut sind, besässen die Vereinigten Staaten wahrscheinlich heute ein geordneteres zentralisiertes Banksystem. Wenn dagegen zuweilen der Einwand erhoben wird, dass auch die übrigen Banken, namentlich die Staatenbanken, nur wenig Neigung zur Anlage von Filialen im Süden und Westen gezeigt hätten, so wird dabei völlig übersehen, dass diese, soweit sie hier in Betracht kommen[1]), Depositen-, keine Notenbanken sind und dass der Depositenverkehr in den betreffenden Landesteilen wenig entwickelt ist.

Für diese Landesteile war es ein Unheil von unübersehbarer Tragweite, dass die Entwicklung der Staatenbanken gerade in dem Augenblick gehemmt wurde, als Noten- und Depositengeschäft, das letztere befördert durch das erstere, sich die Wage hielten und eine Neigung zum Anwachsen des Depositenverkehrs hervortrat.

Der Umstand also, dass die Depositenbanken es nicht vermocht haben, grössere Filialsysteme zu entwickeln, beweist nichts gegen die Annahme, dass die Nationalbanken, wenn ihnen nach Einführung eines rationelleren Notensystems die Errichtung von Filialen gestattet würde, hiervon zum Segen des Landes Gebrauch machen würden. Die kolossale Verschiedenheit des landesüblichen Zinsfusses in den verschiedenen Landesteilen würde dadurch voraussichtlich gemildert und auch die Solidität der übrigen Banken in gewissen Gegenden auf eine höhere Stufe gehoben werden.

Freilich zeigt sich wenig Neigung, den Fehler nachträglich gut zu machen und, wenn schon eine Centralbank nicht gegründet werden soll, wenigstens die Erstehung einzelner grösserer Bankinstitute auf natürlichem Wege zu begünstigen.

Statt dessen tauchte in den Reformvorschlägen meistens das Projekt auf, die Errichtung von Nationalbanken mit

---

[1]) Dreizehn Einzelstaaten haben übrigens das Filialsystem ausdrücklich verboten. Zehn Staaten-Bankgesetze verhalten sich indifferent. In den Bankgesetzen von 20 Staaten sind Filialsysteme ausdrücklich zugelassen, teilweise sogar begünstigt.

Kapitalien unter 25000 Dollars oder gar unter 20000 Dollars in Städten und Dörfern mit weniger als 2000 — oder, wie andere wollten, 6000 — Einwohnern zu gestatten. Der gegenwärtige Kontrolleur des Geldumlaufs, Dawes, und der Schatzsekretär, Lyman Gage, befürworteten diese Neuerung wiederholt [1]).

Wenn man selbst nicht das Bedenken Professor Dunbars teilt, der der Meinung ist, dass in den in Frage kommenden Gebieten auch das verminderte Gründungskapital der Banken gar nicht aufzubringen sein werde, die Sache also im wesentlichen als Totgeburt zu betrachten sei, muss man gegen diese Neuerung erhebliche Bedenken hegen.

Durch die Entstehung weiterer kleiner Notenbanken würde die Dezentralisation mit allen ihren Nachteilen noch weiter geführt werden. Die Handhabung der Staatsaufsicht würde sich immer schwieriger gestalten, und wenn die Neuordnung des Notenwesens in der That den Banken hinreichenden Anreiz zur Ausdehnung ihrer Notenzirkulation geben würde, so wäre es wohl unausbleiblich, dass namentlich die kleineren Banken sich bald in Spekulationen einlassen und damit das ganze System aufs Empfindlichste diskreditieren würden. Es ist eine wohl zu beachtende Thatsache, dass von den 21 Nationalbanken mit rund 2770000 Dollars Kapital

---

[1]) Wie sich die Befürworter des neuen Systems den Betrieb einer solchen kleinen ländlichen Notenbank vorstellen, geht aus folgendem Intermezzo aus der Vernehmung des Schatzsekretars Lyman Gage vor dem Bankkomité des Repräsentantenhauses hervor.

Herr Hill: »Sie haben, allgemein gesprochen, die landwirtschaftlichen Gemeinwesen im Auge in welchem es sich in weitem Masse um bauerlichen Kredit handelt?«

Schatzsekretar Gage: »In sehr beträchtlichem Masse.«

Herr Hill: »Halten sie es für ausführbar, dass eine Nationalbank landwirtschaftlichen Kredit in Form von Banknoten gewährt?«

Schatzsekretär Gage: »Ich denke landwirtschaftlicher Kredit, richtig gehandhabt, gehört zum Besten von der Welt.«

Herr Hill: »Ich weiss das. Aber glauben Sie, dass der Notenkredit die richtige Form dafür ist?«

Schatzsekretar Gage: »Innerhalb rationeller Schranken, ja.«

Herr Hill: »Wie stellen Sie sich vor, dass eine Bank, sagen wir mit 25000 Dollars Kapital, in einem landwirtschaftlichen Gebiete ihre Banknoten

welche im Fiskaljahr 1893/94 fallierten (mit Ausnahme einer Bank in New-York und einer in Pennsylvanien mit 50000 Dollars Kapital), alle in den Staaten des Westens und des Südens, namentlich in Oregon, Kansas und Nebraska, in Texas und Missouri ihren Sitz hatten. Das Eintreten für Liliputnotenbanken in Städtchen und Dörfern erklärt sich mehr aus politischen, als volkswirtschaftlichen Gründen. Man möchte die Farmer dadurch der Geldreform günstiger stimmen.

Allein bei dieser Gelegenheit werden zwei sehr verschiedene Probleme zum Nachteil eines jeden einzelnen mit einander verquickt. Die Frage der Verbesserung des Personal- und Hypothekarkredits in den vorwiegend landwirtschaftlichen Teilen der Union hat an sich mit der Reform des Notenwesens nichts zu thun, so wünschenswert es auch sein mag, dass auch sie gelöst werde.

Es scheint jedoch, dass jede Bankreform von einer Konzession an bäuerliche Vorurteile begleitet sein muss und dass es kein anderes Mittel giebt, die Geldreform populär zu zu machen. Die Farmer hassen die »Geldmacht«, die ihnen in der abschreckenden Gestalt des kleinen dörflichen Wucherers und der grossen Trusts und Eisenbahngesellschaften entgegentritt. Darum ist es nicht leicht, sie von den Vor-

---

gegen langfristige bäuerliche Obligationen emittieren und zur Einlösung ihrer Noten fähig bleiben kann?»

Schatzsekretär Gage: »Verstehen Sie unter langfristigen landwirtschaftlichen Obligationen funfjährige?

Herr Hill: »Ich meine sechsmonatliche.«

Schatzsekretär Gage: »Meiner Meinung nach ist es moglich, weil in dem Gemeinwesen, das wir im Auge haben, Mangel an zirkulierendem Kapital herrscht und solange die Ernte im Stadium des Einbringens und auf dem Wege zum Markte ist und die dadurch verursachten Kosten zu zahlen sind, eine ortliche Nachfrage nach allen Zahlungsmitteln herrscht, welche die Bank liefern konnte. Und sie wurden im Umlauf bleiben bis die Ernte .... auf dem Markte ist. Das geschieht gewohnlich 4—5 Monate bevor die folgende Ernte gesat wird und die Ausgaben für die künftige Ernte beginnen. Wenn die Ernte auf den Markt kommt, so würden die Fonds zur Einlösung der Noten sich einstellen. Die Noten würden ihren Weg in die zentralen Einlosungsplatze finden, wenn die Verschuldung des Landes den Wert der Ernte übersteigt. Die Noten würden, wie jede andere Geldform, zur Begleichung des Saldos verwendet und eingelöst werden.«

zügen einer grösseren Zentralisation des Bankgewerbes im Wege der Beförderung der Ausbildung eines Filialsystems durch die Grossbanken zu überzeugen.

Und doch würde diese Entwicklung gegenüber der Weiterbildung des dezentralisierten Systems sehr grosse technische Vorzüge besitzen. In kleinen Städtchen und Dörfern würde es häufig schwer halten, die zur Leitung einer Bank[1]) und zur Kontrolle der Bankleiter geeigneten Personen aufzutreiben, während die Grossbank mit ihrem technisch geschulten Beamtenapparat einen viel sachgemässeren Bankbetrieb sichern würde. Auch wäre der Betrieb einer Filiale meist mit geringeren Unkosten verknüpft als der einer kleinen Notenbank. Da das ganze Geschäftsleben in vielen Gegenden sich auf wenige Monate des Jahres konzentriert, könnte die Filiale vielfach in einem einfachen Bankkontor bestehen, welches nicht einmal das ganze Jahr über geöffnet zu sein brauchte. So würde die Bank auch in Ortschaften Eingang finden, die es niemals, auch wenn noch kleinere Notenbanken zugelassen würden, zu einer Bank bringen würden.

Ein weiterer Vorzug des Filialsystems wäre, dass eine viel gleichmässigere Verteilung des für Kreditzwecke disponiblen Kapitals stattfinden würde, als im dezentralisierten System. Die gegenwärtige Regelung der Hinterlegung der Reserven in bestimmten Bankplätzen bringt es mit sich, dass das unbeschäftigte Kapital häufig gerade dort sich ansammelt, wo bereits Kapitalüberfluss herrscht, während es dort fehlt, wo es am dringendsten benötigt würde. Ungesunde Spekulationen an diesen Centralplätzen sind eine ebenso unvermeidliche Folge dieses Systems, wie häufige Schwankungen der Zinssätze nach Zeit und Oertlichkeit.

Zwei Einwendungen sind es namentlich, welche von den Gegnern des Filialsystems, so vom Schatzsekretär Dawes, gegen dieses erhoben werden. Es soll die Existenz der kleineren Banken, die schon bestehn, gefährden und zu einer unerwünschten grosskapitalistischen Entwicklung des

---

[1]) Jede Nationalbank muss ein aus mindestens 5 Personen bestehendes Direktorium besitzen.

Bankgewerbes führen. Der erstere Einwand wiegt nicht schwer. Wenn das Filialsystem einem erheblichen öffentlichen Interesse dient, so muss die Rücksichtnahme auf die kleineren Banken einfach zurückstehn. Uebrigens würden diese bei genügender Anpassungsfähigkeit in der Pflege besonderer Zweige des Bankgeschäftes, mit welchen sich die grossen Banken weniger abgeben würden, wohl auch Ersatz suchen und finden.

Was aber den zweiten Einwand anlangt, so ist es erstaunlich, die grosskapitalistische Entwicklung dort, wo sie volkswirtschaftlich erwünscht ist, als bedenklich bezeichnet zu sehen, während gleichzeitig die wildesten Ausschreitungen grosskapitalistischer Unternehmungen mit grosser Nachsicht beurteilt werden. Gerade vom Standpunkte der Staatsaufsicht aus müsste diese Entwicklung nur erwünscht sein. Die Ausübung einer wirksamen Bundeskontrolle über mehrere tausend Bankinstitute ist doch mit ganz anderen Schwierigkeiten verknüpft, als die Beaufsichtigung weniger grosser Institute, die in ihrem eigenen Interesse ein scharfes Auge auf die Verwaltung ihrer Filialen haben müssen. Bessere Garantieen für volle Publizität, zuverlässigere und häufigere Kontrolle werden mit der Anbahnung grösserer Zentralisation notwendig verbunden sein und ein starkes Gegengewicht gegen die Ausschreitungen des Grosskapitals bilden. Wie man die Sache also betrachten mag, die Beförderung grösserer Zentralisierung wird als eines der Hauptpostulate bei jeder Neuregelung des Banknotenwesens der Vereinigten Staaten, die auf die Einrichtung einer zentralen Bank verzichtet, zu erheben sein.

Allein, was auch die Vorzüge eines zentralisierten Banksystems gegenüber dem herrschenden Zustande sein mögen, die Volksmeinung ist ihr in den Vereinigten Staaten so wenig hold, wie der zentralen Notenbank. Die Populisten und Silberdemokraten würden die Filialen der »money kings« im Osten nicht minder unfreundlich begrüssen, als die Monopolbank, das wiedererstandene »Monstrum«[1]). »Die Prinzipien

[1]) So pflegte Jackson die zweite Vereinigte Staatenbank zu bezeichnen; auch der Ausdruck »Mammuthbank« war für dieses Institut sehr geläufig.

Jeffersons« — so hat sich Bryan erst noch kürzlich ausgelassen und danach mag beurteilt werden, wie sich hunderttausende in den Vereinigten Staaten zu dieser Frage stellen — »verbieten die Errichtung nationaler Notenbanken, weil eine Nationalbank nicht nur eine mächtige und gefährliche Kontrolle über das Vermögen anderer ausübt, sondern weil sie ein Privileg geniesst, das anderen versagt ist. Es war die Ausgabe von Papiergeld durch die Notenbanken, was Jefferson zu dem Ausspruch verleitete, die Banknoten seien gefährlicher, als stehende Heere.«

Solche Anschauungen sind in den Vereinigten Staaten ungeheuer verbreitet und machen die Aufgabe der Reformer zu einer sehr dornenvollen.

Sollte es ihnen gelingen, der populären Vorurteile Herr zu werden und eine grössere Zentralisation des Notenbankwesens durchzuführen, so bliebe immer noch die Errichtung einer unter staatlicher Kontrolle stehenden zentralen Bank ein Ziel, aufs Innigste zu wünschen.

Die europäischen Zentralbanken haben den Beruf, als Hüterinnen der Barreserven ihres Landes die festen Säulen der Währung und als Beherrscherinnen des Kreditmarktes die Helfer in der Noth für die anderen Kreditinstitute zu sein. Von diesen beiden Funktionen ist die erstere die volkswirtschaftlich wichtigste. Wird sie richtig von der Bank erfüllt, so verschwinden dagegen so viele Nachteile, welche sonst dem europäischen System anhaften mögen, zur Bedeutungslosigkeit.

Aber gerade dieser Gesichtspunkt wird bei den zahlreichen Projekten, die im Laufe der letzten Jahre in den Vereinigten Staaten erdacht worden sind, um an Stelle des jetzigen allgemein verurteilten Systems der Notenemission ein elastischeres Umlaufsmittel zu setzen und den Kreditsuchenden billige Zinssätze zu verschaffen, nahezu völlig ausser acht gelassen. Und doch ist die Frage, wer die Verantwortung für die Erhaltung der Goldwährung übernehmen

---

Die erste Bundesbank erfreute sich im Volksmund keiner liebevolleren Bezeichnung. Sie hiess: »Hydra«, »Cerberus«, »Viper« u. dgl.

soll, wenn diese dem Schatzamte abgenommen ist, von fundamentaler Wichtigkeit. Die meisten thun diese Frage damit ab, dass sie sagen, die Banken werden schon in ihrem eigenen Interesse auf die Erhaltung einer hinreichenden Goldreserve bedacht sein und angesichts der grossen inländischen Goldproduktion könnten sie hierbei auch keinen Schwierigkeiten begegnen. Allein das Interesse der Banken drängt sie in erster Linie dazu, sich auf dem Diskontmarkt gegenseitig zu unterbieten, nicht auf die Erhaltung der Goldbestände bedacht zu sein, also gerade dasjenige zu thun, was im gegebenen Augenblicke das Einströmen von Gold aus dem Auslande verhindern, das Abströmen des inländischen Goldvorrats befördern müsste [1]). Dieses Bedenken wird selbst von so anerkannten amerikanischen Autoritäten, wie die Professoren Laughlin und Johnson sind, auffallend leicht genommen. »Wenn die Legaltendernoten eingezogen sein werden«, meint der erstere, »so bliebe den Banken nichts anderes übrig, als Anforderungen, welche an ihre Goldbestände (sc. für Exportzwecke) gestellt würden, zu entsprechen. Die Banken von England und Frankreich, an welche solche Anforderungen beständig herantreten, entsprechen ihnen, so oft Metall von ihnen verlangt wird. Ebenso würden sich die Banken von New-York verhalten, wenn die Legaltendernoten eingezogen sein werden. Und, wie die europäischen Banken, würden sie imstande sein, ihre Bestände vor übermässiger Plünderung zu schützen, indem sie den Diskont erhöhen würden, sobald die Umstände dies erfordern sollten.«

Noch sanguinischer ist Johnson. »Die Ausfuhr von Gold ist immer eine Folge eines Geldüberflusses (einer Plethora) bei uns im Vergleich zu anderen Goldwährungsländern. In solchen Zeiten staut sich regelmässig das Geld in New-

---

[1]) Dass eine vollkommene Diskontopolitik im Wege der Kooperation vieler Einzelbanken unmoglich ist, zeigt sich in besonders lehrreicher Weise in der Schweiz, wo die sogen. »Silberdrainage« zu einer standigen Diskontverabredung der Notenbanken untereinander gefuhrt hat, was aber nicht verhindern konnte, dass der Privatdiskont seine eigenen Wege ging, sodass z. B. einmal im Jahre 1894 der offizielle Satz $2^1/_2$, der Privatdiskont $1^1/_2$ % betragen hat.

York an und es herrschen niedrige Zinssätze vor. Ein elastisches Banknotenwesen wird dieser Tendenz zu periodischer Congestion zum New-Yorker Geldmarkte steuern; denn sofort, wenn der Geschäftsverkehr nachlässt und die Geldnachfrage abnimmt, wird sich die Notenmenge zusammenziehen.«

Johnson scheint demnach nicht einmal eine Diskontopolitik der Banken für erforderlich zu halten. Alles besorgen die natürlichen Gesetze des Handels. Allein was dann, wenn die europäischen Zentralbanken diesen natürlichen Gesetzen durch eine kräftige Bankpolitik entgegenwirken, die mit den verschiedensten Mitteln darauf ausgeht, Gold aus den Vereinigten Staaten an sich zu ziehen?

Nach Laughlin werden dann die New-Yorker Banken durch geeignete Gegenmassregeln sich zu schützen wissen. Allein solche Gegenmassregeln setzen ein planmässiges, zielbewusstes Zusammenwirken der einflussreicheren Notenbanken voraus. Wer garantiert dafür, dass dieses auch jederzeit zustande kommt?

Die Geschichte des Bondssyndikats von 1895 lehrt, dass ein solches Zusammenwirken, befördert durch eine von der Regierung der Vereinigten Staaten gezahlte hohe Prämie, unter Umständen sogar mit Unterstützung europäischer Grossbanken möglich ist. Auch haben die Banken von New-York wiederholt, insbesondere während der Krisis des Jahres 1893, rühmliche Proben solcher Zusammenwirkung gegeben. Aber gerade diese Beispiele zeigen, dass es eines starken materiellen Anreizes bedarf, um die Banken zur Ergreifung bestimmter Massnahmen behufs Stärkung des inländischen Goldvorrates zu zwingen. In allen diesen Fällen war die Gefahr, welcher durch eine rationelle Diskontopolitik entgegengewirkt und vorgebeugt werden soll, bereits akut geworden und es handelte sich darum, ihre schlimmsten Folgen abzuwehren.

Wenn es nun schon bei uns in Deutschland vorkommen konnte, dass die Diskontopolitik der Reichsbank nicht allein durch die der übrigen Notenbanken, sondern selbst durch das Vorgehen eines staatlichen Instituts, wie der preussischen Seehandlung, in kritischen Augenblicken durchkreuzt wurde, wie viel grösser ist in den Vereinigten Staaten, wo kein einziges Bankinstitut sich auch nur annähernd gleichen Einflusses auf den Kreditverkehr rühmen kann, wie ihn die deutsche Reichsbank besitzt, die Gefahr, dass die Bemühungen besonders einsichtsvoller und patriotischer Banken durch das Verhalten aller übrigen vereitelt werden würden!

Abgeschwächt wird dieses Bedenken auch nicht durch die Erwägung, dass die Regierung der Vereinigten Staaten auch nach Beseitigung der Legaltendernoten mit ihren eigenen Goldvorräten die Erhaltung der Währung garantieren könnte, indem sie die Verpflichtung übernehmen würde, die umlaufenden Silbercertifikate jederzeit auf Verlangen gegen Gold umzutauschen. Denn da läuft die endlose Kette, welche man ja doch beseitigen möchte, ruhig weiter und das Schatzamt der Vereinigten Staaten sieht sich nach wie vor der dringenden Notwendigkeit gegenüber, auf die Erhaltung einer bedeutenden Goldreserve bedacht zu sein.

Jenes Bedenken bleibt also bestehen und es wird durch keinen einzigen der vorgeschlagenen Reformpläne behoben, die die Einziehung der Legaltendernoten und deren Ersatz durch elastische Banknoten ins Auge fassen.

So kommt es denn, dass Viele, in der Erkenntnis dieser Schwierigkeit, auf die Einziehung der Legaltendernoten überhaupt verzichten wollen.

Sie erkennen die Mangelhaftigkeit des herrschenden Regimes wohl, aber sie ziehen es vor, die ganze Sorge für die Erhaltung der Goldwährung lieber nach wie vor der Regierung der Vereinigten Staaten zu überlassen, als sie den Banken anzuvertrauen. Schliesslich ist — so argumentieren die Vertreter dieser Richtung — die amerikanische Goldwährung bisher trotz alledem erhalten geblieben und es ist daher vielleicht am Besten, es bei dem Bestehenden zu belassen.

Wenden wir uns nun den einzelnen Reformvorschlägen zu, so sind fast alle einig in der Verurteilung des herrschenden Zettelsystems und in der Erkenntnis, dass es schon in seiner Grundlage verfehlt ist, und verzichten daher darauf, es unter Erhaltung des Prinzips der Bonddeckung zu reformieren. Man hat freiere Systeme ausgedacht, wobei alle möglichen bekannten Zettelsysteme Modell gesessen sind.

Im Ganzen lassen sich zwei Hauptrichtungen deutlich von einander unterscheiden.

Auf der einen Seite stehen die Befürworter einer unbegrenzten Bankfreiheit. Für sie ist der Staat ein notwendiges Uebel. Er mag Nachtwächterdienste thun, soll sich aber nicht in das Wirtschaftsleben einmischen, wo alles harmonisch dahingeht, wenn nur der Wirkung des ewigen Gesetzes von Angebot und Nachfrage keine Hindernisse in den Weg gelegt werden. Je weniger die Banken vom Staate geniert werden, um so besser für das Bankwesen.

Auf der anderen Seite stehen die Anhänger mehr oder minder weitgehender staatlicher Bevormundung der Notenbanken — von den »Mittenaufdemwegemännern«[1]), die alle Banken als »Geldtrust« und Usurpatoren des staatlichen Münzregals vom Erdboden vertilgen möchten, bis zu besonneren Leuten, welche mit Rücksicht auf die Erfahrungen der Bankgeschichte einer innerhalb entsprechender Grenzen gehaltenen staatlichen Beaufsichtigung der Notenbanken das Wort reden.

Als charakteristischer Vertreter der Bankfreiheitspartei kann William Brough, der Verfasser eines Buches betitelt »Das natürliche Gesetz des Geldes«, angesehen werden. Er kommt auf Grund einer ähnlichen Argumentation, die Herbert Spencer dazu verleitet hat, der Privatprägung der Münzen vor der staatlichen den Vorzug zu erteilen, zu der Forderung, das System der Parallelwährung wieder einzuführen und, wie die Prägung von Gold und Silber, so die Notenemission völlig freizugeben. »Es kann als ein universelles und fundamentales ökonomisches Gesetz betrachtet werden« — von diesem Grundsatz geht dieser Autor aus — »dass unter normalen Verhältnissen die zirkulierende Geldmenge immer den Anforderungen des Handelsverkehrs entsprechen wird, und da der Umfang dieses Bedarfs beständig wechselt, wird der Betrag der Geldmenge im Einklang dazu bald zu-, bald abnehmen. Da keine Regierung voraussehen kann, wie

[1]) So heisst der äusserste Flügel der Populistenpartei.

gross dieser veränderliche Bedarf sein wird, so sollte es den industriellen und kommerziellen Kreisen an jedem Orte überlassen werden, diejenige Geldmenge zu beschaffen, die der Bedarf des Augenblicks erheischt.«

Eine gemässigtere Richtung, als deren charakteristischer Vertreter Henry V. Poor angesehen werden kann, verlangt zwar ebenfalls volle Bankfreiheit, jedoch unter der Bedingung, dass »die Banken ihre Diskontierungen auf solide Handelswechsel« beschränken. Wie die Banken zur Erfüllung dieser Bedingung gezwungen werden sollen, darüber schweigen die meisten Vertreter dieser Richtung. Poor selbst will eine neue, den Kreditmarkt beherrschende Nationalbank — ohne Notenprivileg natürlich — geschaffen wissen, deren Aufgabe die Erziehung der übrigen Banken sein soll.

Auf der anderen Seite stehen diejenigen, die wir als Anhänger einer gemässigten Bankfreiheit bezeichnen wollen. Sie sind im wesentlichen darüber einig, dass der Notenumlauf an sich keiner weiteren Deckung bedarf, als sie ein Portefeuille von soliden und kurzfälligen kaufmännischen Wechseln und eine entsprechende Barreserve bieten. Allein in der Erkenntnis, dass keine gesetzliche Regelung möglich ist, welche die Banken verhindern würde, in Zeiten der Ueberspekulation, durch allzu reichliche Diskontierungen den Ausbruch einer Krisis zu befördern, und dass es kein Mittel giebt, sie zu zwingen, nur ganz soliden Kunden Kredit zu gewähren, sind sie bemüht, die Noteninhaber gegen mögliche Verluste, die sich aus der Nichteinlösung der Noten ergeben könnten, zu versichern. In dieser Richtung gehen nun aber die Meinungen vielfach auseinander.

Viele — und zu diesen gehört der Kontrolleur des Geldumlaufs — finden die Sicherung der Notengläubiger, wie sie häufig vorgeschlagen ist, nämlich durch Schaffung eines oder mehrerer besonderen Versicherungsfonds, durch absolute oder relative Begrenzung der Zirkulation, durch Besteuerung sowie durch Einräumung eines doppelten Konkursprivilegiums als zu weitgehend. Sie verlangen Garantien für die Depositengläubiger, deren einziger Schutz zur Zeit in dem wenig zweckmässig geregelten Reservesystem besteht.

Diese Einwendungen sind in der That wohl zu beachten.

Es ist richtig, dass die Banknote infolge ihrer grösseren Umlaufsfähigkeit und Geldähnlichkeit (sie kann nicht so leicht zurückgewiesen werden, als der Check) auch mit grösseren Garantieen ausgerüstet sein muss, und dass das Verhältnis des Depositengläubigers zur Bank mehr als das des Notengläubigers als ein persönliches zu betrachten ist. Kommt ersterer in Verlust, so ist ihm gegenüber der Einwand, dass er in der Auswahl seiner Bank vorsichtiger hätte sein sollen, eher gestattet, als dem Notengläubiger gegenüber, der die von der Regierung der Vereinigten Staaten gedruckte Note ohne weiteres Besinnen für bares Geld angenommen hat.

Andererseits ist jedoch wohl zu beachten, dass dort, wo die Notenemission vom Staat mit zahlreichen Garantieen umgeben ist, die Notenbanken eben um dieser ihrer halb staatlichen Funktion willen von dem Publikum gern als vertrauenswürdiger betrachtet werden, wie die übrigen Depositenbanken. So wirkt die Notenbank als Erzieherin zu der höheren Kreditorm des Depositenverkehrs eben durch Vermittlung des Vertrauens, welches sie als Notenbank geniesst. Dieses psychologische Moment erklärt es zum Teil, warum der Depositenverkehr der Nationalbanken in den Vereinigten Staaten in solch riesigen Dimensionen gewachsen ist. Die Beobachtung, dass an ihren Noten kein Cent verloren werden konnte, hat ihnen beim Publikum Vertrauen auch in ihrer Eigenschaft als Depositenbanken verschafft. Es ist daher die Aufgabe des Staates gegenüber Depositenbanken, welche gleichzeitig Notenbanken sind, mit der völligen Sicherstellung der Notengläubiger nicht erschöpft.

Zur Sicherung der Depositengläubiger bestimmt bekanntlich das Nationalbankgesetz,[1]) dass die Nationalbanken in den sogenannten Reservestädten mindestens 25 % des Betrages ihrer Depositen, die Banken ausserhalb der Reservestädte mindestens 15 % des Betrags ihrer Depositen in gesetzlichem Gelde vorrätig halten müssen. Dabei ist es aber gestattet, dass die Banken in den Reservestädten bis zu 5/10, die Banken ausserhalb derselben bis zu 3/5 ihrer gesetzlichen Reserve ausserhalb des Ortes ihrer Niederlassung, die ersteren

[1]) S. S. 15 u. S. 21.

bei einer Nationalbank in einer der drei Zentralreservestädte New York, Chicago und St. Louis, letztere bei einer Nationalbank in einer der Reservestädte hinterlegen dürfen[1]). Durch diese Bestimmungen entsteht die Gefahr, dass beim plötzlichen Ausbruch eines »run« die Banken ihre Reserven nicht rechtzeitig bei der Hand haben. Auch ist es bedenklich, dass den Banken gestattet ist, den 5 %igen Einlösungsfonds, welchen sie behufs Einlösung ihrer Noten beim Schatzmeister der Vereinigten Staaten hinterlegt haben, ebenso in ihre Depositenreserve einzurechnen, wie die Certifikate der Clearinghäuser über Kapitalien, welche dort hintergelegt sind. Diese Bestimmungen sind zur Sicherung der Depositengläubiger unzulänglich. Dies geht auch daraus hervor, dass die Banken aus freien Stücken, insbesondere nach Krisen wie die von 1873 und 1893, meist weit grössere Barreserven gehalten haben, als sie gesetzlich verpflichtet gewesen wären. Dagegen sind diese Krisen nicht zum geringsten Teile dadurch hervorgerufen worden, dass viele Banken vorher nicht mit der nötigen Sorgfalt über ihre Reserven wachten, wobei namentlich der Umstand eine Rolle spielt, dass einzelne Banken in New York und den Zentralreservestädten Depositen von Provinzbanken durch Einräumung von Zinsvergütungen anlocken und möglichst lange an sich zu fesseln suchen. Ferner ist die Verletzung der gesetzlichen Bestimmungen über das Mindestmass der zu haltenden Reserven zwar mit Strafe bedroht und den Banken vorgeschrieben, wenn die Mindestreserve nicht gewahrt ist, ihre Kredite einzuschränken. Allein in gewöhnlichen Zeitläuften ist es bei der Unzulänglichkeit der staatlichen Kontrolle ein Leichtes, diese Bestimmung zu umgehen, ohne dass die Uebertretung überhaupt oder rechtzeitig zur Kenntnis des Staatskontrolleurs gelangt, und in den Zeiten der Krisis erweist sie sich als schädlich, weil sie, wenn strikte eingehalten, die Banken verhindert, ihren Kunden die gerade in solchen Zeiten dringend erforderliche Hilfe zu leisten. In normalen Zeiten **kann**, in kritischen Zeiten **muss** diese Bestimmung also verletzt werden.

---

[1]) Ueber diese Depositen anderer Nationalbanken wird von den Nationalbanken in den Reserve- und Zentralreservestadten nicht anders verfügt, als über gewohnliche Depositen.

Aus diesen Gründen ist es durchaus berechtigt, bei jeder vorgeschlagenen Neuregelung des Notenemissionswesens auch die Depositengläubiger nicht aus den Augen zu verlieren.

Die Rücksicht auf die Sicherheit der Banknote darf nicht dahin führen, die Solidität des Depositengeschäftes zu gefährden. Andererseits muss doch die Banknote mit ausreichenden Garantieen ausgerüstet werden, um sie für ihre Funktion als Kreditreserve in Krisenzeiten tauglich zu machen. Der richtige Mittelweg ist freilich im dezentralisierten System, bei welchem es man mit Banken von sehr verschiedenen Geschäftsgrundsätzen zu thun hat, nicht leicht zu bestimmen.

Noch in anderen Richtungen gehen die Ansichten derjenigen, welche wir als Anhänger einer gemässigten Bankfreiheit bezeichnet haben, auseinander. Die Einen wünschen es bei der Beschränkung des Notenemissionsrechts auf die Nationalbanken zu belassen, während die Anderen das den Staatenbanken im Jahre 1865 angethane Unrecht wieder gutgemacht sehen möchten und ihre Einbeziehung in das Notenbanksystem verlangen, vorausgesetzt, dass sie sich den wichtigsten Anforderungen des Nationalbankgesetzes unterwerfen wollen.

Ueberblickt man die Reformprojekte, welche während der letzten Jahre in den Vereinigten Staaten zur Erörterung standen, so findet man, dass bei fast einstimmiger Verurteilung des gegenwärtigen Systems ein freieres System der Notenausgabe mit Bestimmung einer steuerfreien Notenmenge, Erhaltung eines 5 prozentigen Fonds für die laufende Einlösung und eines Fonds in gleicher Höhe für den Fall der Nichteinlösung in weiten Kreisen befürwortet wird. Die Einziehung der Greenbacks und Schatznoten, sei es im Wege der allmählichen Tilgung durch den Staat, sei es durch diese oder jene Art der Fundierung mit Hilfe der Banken, wird ebenso ziemlich allgemein gefordert. Nur über das Tempo, in welchem die Beseitigung des Staatspapiergeldes zu erfolgen hätte, herrschen Meinungsverschiedenheiten, welche wesentlich auf der grösseren oder geringeren Rücksichtnahme auf die einmal vorhandene Vorbildung der öffentlichen Meinung beruhen.

Von den zahlreichen Reformplänen sei hier nur eines

einzigen Erwähnung gethan, welchen die aus angesehenen Bankiers und Geschäftsleuten zusammengesetzte Kommission von Indianapolis ausgearbeitet hat. Ihr gehörte als Vertreter der Wissenschaft Professor Laughlin von Chicago an, der sich insbesondere an der Ausarbeitung des das Bankwesen betreffenden Teiles des grossen Reformplanes dieser Kommission beteiligt hat. Er hat auch den Plan in einem ausführlichen Berichte näher motiviert.

Nach diesem Plane soll im Schatzamte ein »Department of Issue and Redemption« geschaffen werden, welches von den übrigen Ressorts geschieden ist. Es besorgt fortan alle mit dem Geldwesen zusammenhängenden Geschäfte des Schatzamts, mit Ausnahme der Staatskontrolle über die Notenbanken.

Zu diesem Zwecke erhält es eine Goldreserve von 25 % der Gesamtsumme der Legaltendernoten und 5 % der ausgeprägten Silberdollars. Diese Reserve darf zu keinem anderen Zwecke verwendet werden, als zur Einlösung dieser Geldsorten. Die Ergänzung der Reserve findet aus den überschüssigen Kassenvorräten des Schatzes statt, eventuell ist der Schatzsekretär ermächtigt, wenn erforderlich, Gold durch Ausgabe 3 %iger Bonds, die seitens der Staatsgläubiger binnen 20 Jahren unkündbar, aber nach Jahresfrist nach dem Ermessen des Schatzsekretärs rückzahlbar sind, zu beschaffen. Die Bonds lauten ausdrücklich auf Zahlung in Gold. An Stelle der Emissionsform der Bonds kann sich der Schatzsekretär eines der französischen Rente nachgebildeten Verfahrens bedienen.

Gold- und Währungscertifikate sollen gänzlich eingezogen, das Shermansilber allmählich veräussert und das dafür erlöste Gold zur Stärkung der staatlichen Goldreserve verwendet werden. Die Greenbacks sollen, wenn in Gold eingelöst, nur wieder gegen Gold oder im Umtausch gegen Bonds ausgegeben werden; dieselben sollen übrigens bis auf 50 Mill. Dollars vermindert, der Rest proportional der Zunahme der Banknotenzirkulation eingezogen werden. Fünf Jahre nach Inkrafttreten des Gesetzes soll der eventl. noch ausstehende Betrag an Legaltendernoten alljährlich um 20 % vermindert werden: zehn Jahre nach Inkrafttreten des Gesetzes sollen die eventl. noch vorhandenen Stücke des Charakters eines gesetzlichen Zahlungsmittels entkleidet, jedoch an den Regierungskassen in Zahlung genommen werden. Die nach zehn Jahren noch nicht eingezogenen Legaltendernoten würden also analog unseren Reichskassenscheinen behandelt werden. Um Raum für den Umlauf des Silbergeldes zu schaffen, sollen keine Greenbacks und Schatznoten unter 10 Dollars ausgegeben werden. Die Silbercertifikate sollen fortan nur in Appoints von 1, 2 und 5 Dollars ausgegeben werden. Die Banknotenemission soll im Verlaufe von 5 Jahren von dem Bondsystem zu einem freien Systeme übergeführt werden. Einstweilen muss noch $^1/_4$ der Notenemission durch Bonds gedeckt sein; $^3/_4$ können auf Grund der Aktiven — also auf blosse bankmässige Deckung hin — ausgegeben werden; nach fünf Jahren kann dann alljährlich ein Betrag von 20 % der Bonds zurückgezogen werden; hat die Bank Bonds im Betrage von 25 % ihres Kapitals zurückgezogen, so kann sie den Rest nach Belieben sofort zurücknehmen.

Die Notenemission bis zu 60 % des ungeschmälerten Bankkapitals ist steuerfrei; von 60 % bis 80 % werden 2 %, von 80 % bis 100 % 6 % Notensteuer erhoben[1]). Die Notengläubiger besitzen im Konkurs, wie bisher, einmal ein Vorzugsrecht auf sämtliche Aktiven der Bank; sodann haften ihnen die Aktionäre in erster Linie, und zwar jeder bis zum Betrage seines Anteils am Grundkapital.

Die Bestimmungen über die Errichtung eines 5 prozentigen Garantiefonds (zur Sicherung der Notengläubiger bei Zahlungseinstellung einer Notenbank), dem die Erträgnisse der Notensteuer zufliessen und für dessen Erhaltung sämtliche Banken, die Noten emittieren, anteilmässig haften, und eines 5 prozentigen Einlösungsfonds (der laufenden Einlösung der Noten

---

[1]) Diese progressive Steuer soll bewirken, dass eine Vermehrung der Zirkulation über einen gewissen — allerdings elastischen — Normalbetrag hinaus nur in Zeiten ausserordentlichen Kreditbedarfs eintreten kann. Allein diese Steuer wurde sich vielleicht mehr noch als die deutsche Notensteuer, die als Vorlage gedient hat, als »Pelz für die Hundstage« erweisen, und es ist recht fraglich, ob der plotzliche Uebergang aus der 2 prozentigen in die 6 prozentige Notensteuer nicht den Ausbruch von Krisen mehr fördern, als hintanhalten würde.

durch das neue Bundesamt dienend), die Verpflichtung der Banken zur gegenseitigen Annahme ihrer Noten, das Verbot der Ausgabe von Noten unter 10 Dollars, schliessen sich teilweise dem bestehenden Bankgesetze, teilweise anderen Reformplänen, insbesondere dem sogenannten Baltimoreplan, an. Die beiden Fonds sind in Gold aufzubringen. Die Anlage des Garantiefonds in Bonds ist dem Ermessen der zuständigen Behörde anheimgegeben.

Die Gründung von Nationalbanken mit weniger als 25000 Dollars Kapital in Städten unter 6000 Einwohnern wird neben der Ermächtigung zur Errichtung von Filialen zugelassen. Die näheren Ausführungsbestimmungen in letzterer Beziehung hat der Kontrolleur des Geldumlaufs zu erlassen. Die Bestimmungen über die Beaufsichtigung der Banken werden verbessert, grössere Anforderungen an die Banken hinsichtlich der Publikation ihrer Bankausweise gestellt. Den Staatenbanken wird der sofortige Eintritt in das neue Nationalbanksystem eröffnet.

Die Befugnis zur Einrechnung des 5 prozentigen Einlösungsfonds in die 25 prozentige und bezw. 15 prozentige Depositenreserve wird aufgehoben. 25 % dieser Depositenreserven müssen aus Gold bestehn.

Dieser Plan besitzt gegenüber den übrigen in den Vereinigten Staaten bisher diskutierten gewisse Vorzüge. Er teilt aber mit allen den Kardinalfehler, dass er es mit der Frage, wer nach Beseitigung der Legaltendernoten die Verantwortung für die Erhaltung der Währung übernehmen soll, zu leicht nimmt. Die Bestimmung, dass diese Banken $^1/_4$ ihrer Reserven in Gold zu halten haben, ist keine hinreichende Garantie dafür, dass sie dauernd zur Erhaltung der Goldzahlungen im Stande sein werden. Die lange Galgenfrist, welche den Greenbacks und Schatznoten gelassen ist, ist durch sachliche Erwägungen nicht gerechtfertigt. Ferner geht der Plan in der Rücksicht auf die Sicherung der Notengläubiger, wie die meisten Projekte, wohl zu weit. Mindestens das doppelte Konkursprivilegium der Notengläubiger entbehrt angesichts der übrigen Sicherungen hinreichender Begründung. Bei dem ängstlichen Bestreben, die Notengläubiger vor jeder Möglichkeit eines Verlustes zu schützen, scheint der Irrtum mitgewirkt zu haben, als werde dadurch die Solidität der

Geschäftsführung der Banken beeinflusst und die laufende Einlösung der Noten besser gesichert. Der Plan von Indianapolis treibt die Vorsicht so weit, dass er bestimmt, dass die Bankgebäude nicht zum Grundkapital mitgerechnet werden dürfen, »weil die Grundstücke im Falle des Konkurses einer Bank nicht so rasch realisiert werden können, wie die übrigen Aktiva.«

Professor Laughlin hat seine Zustimmung zu dem Reformplane der Indianapolis Convention ausdrücklich mit folgender Einschränkung versehen.

»Während ich dem Plane von Herzen zustimme, weiche ich von dem Prinzip ab, das in der sect. 14 Anerkennung gefunden hat, welche bestimmt, dass der Schatzsekretär die Befugnis haben soll, Vereinigte Staatsnoten beim Rückkauf von Bonds wieder auszugeben. Ich bin der Meinung, dass die Vermehrung der Zirkulation nicht dem Ermessen von Regierungsbeamten anheim gegeben werden darf; dass kein Beamter dem Drucke ausgesetzt werden sollte, der dadurch möglich gemacht wird; dass durch die Ausgabe von Gold bei Einlösung der Noten eine Kontraktion ausgeschlossen würde, und dass jenes Verfahren mit den Prinzipien, auf welche gestützt man ein elastisches Banknotenwesen empfohlen hat, nicht im Einklang ist. Denn Noten sollten in Zeiten der Panik von der Regierung nicht ausgegeben werden, wenn Banken speziell für diesen Fall vorgesehen sind«.

Das Schatzamt soll aufhören Bankgeschäfte zu treiben, das ist der Kern dieser Ausführungen.

Kann es aber das thun, solange nicht eine Bundesbank existiert, welche die Kassengeschäfte der Union besorgt?

Auf diese Frage giebt es nur ein unbedigtes nein.

Der Schatzsekretär der Vereinigten Staaten hat Einfluss auf die Bewegung der Zirkulation, auch wenn er die eingelösten Greenbacks nur gegen Gold wieder ausgeben darf.

Man kann die Forderung der Einziehung des Staatspapiergeldes rechtfertigen, wenn man ein elastisches Banknotenwesen schafft. Aber man kann nicht fordern, dass das Schatzamt aufhören solle, in das Getriebe des Geldwesens einzugreifen, wenn man die Kassenverwaltung der Bundesregierung nicht auf eine Bundesbank überträgt.

Es wäre auch nicht einmal wünschenswert, wenn das Schatzamt, solange eine zentrale Notenbank nicht geschaffen ist, jede Kontrolle über das Geldwesen verlieren würde.

Es wurde bereits begründet[1]), warum es mehr als fraglich ist, ob die Banken ohne den Rückhalt einer staatlichen Goldreserve dauernd zur Aufrechterhaltung der Goldzahlungen imstande sein würden. Noch viel weniger ist von einer Vielheit von Banken zu erwarten, dass sie durch ihre Diskontopolitik ungesunden Spekulationsbewegungen entgegenarbeiten würden. Viel eher noch ist das Schatzamt befähigt, im Interesse der Gesamtheit durch entsprechende Verfügungen über die Staatsdeposіten regulierend einzugreifen.

Damit dies freilich in vollkommenerer Weise als bisher geschehen könne, wären zuvor Reformen erforderlich, welche grössere Stabilität in der Besetzung der leitenden Stellen dieser Behörde und bessere Garantieen für eine sachverständige, unabhängige und unparteiische Verwaltung gewährleisten würden.

---

[1]) s. S. 64 ff. u. S. 100 ff.

# III. Teil.

## Das Gesetz vom 14. März 1900 und die künftigen Aufgaben und Aussichten der Reform.

# I.

Die amerikanischen Parteien pflegen vor jeder Präsidentschaftswahl in einer mit Schlagworten möglichst gespickten politischen Abhandlung, ihrer sogen. »Platform«, den Wählern die Mittel anzukündigen, mit welchen sie den Bürgern der Union für den Fall ihres Sieges die erstrebte Glückseligkeit zu verschaffen gedenken. Gewöhnlich ist es ein Allheilmittel, eine Hauptplanke, welche jede Partei ganz besonders anzupreisen hat. Viele Jahre bildete so die Handelspolitik den Hauptgegenstand der Wahlkämpfe, indem die Republikaner »Protektion«, »Schutz des heimischen Marktes und der amerikanischen Arbeit«, die Demokraten »Freihandel«, »Finanzzölle«, »Schutz der Konsumenten« auf ihre Fahnen schrieben.

Diese langjährige Ordnung der Dinge wurde während des letzten Präsidentschaftswahlkampfs durchbrochen. Zum ersten Mal triumphierte »16 : 1« und »gesundes und anständiges Geld« über den »Tarif« und man sollte denken, die logische Folge davon hätte sein müssen, dass die aus diesem Wahlkampf als Siegerin hervorgehende Partei nun vor allen Dingen ihr auf die Währungsfrage bezügliches Programm zur Ausführung gebracht hätte.

Allein das war nicht so einfach. Denn die republikanische Partei, welche den Sieg davontrug, hatte in dieser Richtung eigentlich gar kein rechtes Programm. Sie hatte auf der einen Seite ihren Wählern versprochen, den Vereinigten Staaten den »Standard der erleuchtetsten Völker der Erde« zu erhalten, auf der anderen Seite hatte sie sich verbindlich gemacht, diese Völker womöglich zur Preisgabe dieses Standards und zur Einführung des internationalen Bimetallismus zu bestimmen.

Nun waren zwar selbst die weniger Erleuchteten keinen Augenblick darüber im Zweifel, dass ein neuerlicher Versuch der Vereinigten Staaten, Europa zum Abschluss eines Doppelwährungsbundes zu bereden, die Gewähr völligen Misslingens in sich trage. Trotzdem hat die politische Situation in den Vereinigten Staaten merkwürdigerweise dazu geführt, dass der erste Schritt, welchen die neue republikanische Administration zur Erhaltung der amerikanischen Goldwährung that, — in einer diplomatischen Aktion zwecks Abschaffung der europäischen Goldwährungen bestand. Dies erscheint weniger paradox, wenn die gleichzeitigen, innerpolitischen Verhältnisse der Vereinigten Staaten in Betracht gezogen werden.

Der Senat der Vereinigten Staaten war ungeachtet des Ausfalls der Präsidentschaftswahl noch in seiner Mehrheit silberfreundlich und an eine Aenderung des Stimmenverhältnisses war vor Ablauf von zwei Jahren — in jedem zweiten Jahre scheidet ein Drittel der Senatoren aus — nicht zu denken. Trotzdem hätte die Administration ihren Einfluss zu Gunsten einer sofortigen Inangriffnahme der Währungsreform in die Wagschale werfen können. Damit hätte sie aber den silberfreundlichen Flügel ihrer Partei verstimmt und das Zustandekommen eines schutzzöllnerischen Tarifgesetzes gefährdet. Denn ungeachtet des grossen Wahlkampfes für »ehrliches Geld« hatte die Frage des Schutzzolls für die meisten Anhänger der Partei nichts von ihren Reizen verloren. Man lechzte nach einer Erhöhung der Tarife, deren Notwendigkeit — um das Aergernis bei den Betroffenen zu vermindern — mit dem unbefriedigenden Zustand der Staatseinkünfte begründet wurde.

So wurde alsbald nach dem Amtsantritt Mc. Kinleys der Senator Wolcott von Colorado nebst zwei anderen Kongressmitgliedern nach Europa abgeordnet — die Ermächtigung hierzu entnahm der Präsident einem Gesetze vom 3. März 1897 —, um die europäischen Grossmächte auf ihre Geneigtheit zu sondieren, »durch ein internationales Uebereinkommen ein festes Wertverhältnis zwischen Silber und Gold herzustellen«. Diese Kommission kehrte, nach sechsmonatlichem Aufenthalt in Europa, und nachdem sie in Frankreich bei der silberfreundlichen Regierung des Herrn Méline eine überaus warme Aufnahme gefunden, aus dem Munde des englischen Kabinetts aber, ganz besonders auf Grund der Entscheidung der indischen Regierung, eine glatte Absage erhalten hatte, unverrichteter Dinge nach Amerika zurück. Inzwischen war die Dingleybill, welche den Schutzzöllnern die erwünschten Tariferhöhungen brachte, glücklich zustande gekommen.

Nunmehr trat die Administration der Frage der Währungsreform einen Schritt näher. Im Juni 1897 richtete der Präsident eine Botschaft an den Kongress, in welcher er die Einsetzung einer Enquetekommission zum Studium der Währungs- und Bankreform wärmstens empfahl. Der Senat wollte aber von dergleichen nichts wissen und lehnte es ab, der Anregung zu folgen.

In der Zwischenzeit hatten sich hervorragende Geschäftsleute und angesehene politische Persönlichkeiten zusammengethan und eine Privatenquete veranstaltet. Die sog. Indianapolis-Konvention setzte drei Spezialkommissionen zum Studium der Währungs-, der Bank- und der Papiergeldfrage nieder. Im Herbst 1897 begannen diese Kommissionen ihre Arbeit damit, dass sie Fragebogen an zahlreiche Experten versendeten. Die eingelaufenen Antworten sind bis jetzt leider nicht veröffentlicht worden. Sodann wurde in einer Reihe von Sitzungen auf Grund der Berichte der drei Sektionen ein gemeinsamer umfassender Reformplan ausgearbeitet und am 25. Januar 1898 ein dem Kongress vorzulegender Gesetzentwurf in pleno gutgeheissen.

An diesen Reformplan knüpfte sich alsbald eine lebhafte Diskussion und auch andere Vorschläge wurden vielfach erörtert, wobei sich namentlich der Newyorker Reformklub durch Veröffentlichung der wichtigsten Entwürfe und Verbreitung einschlägiger Informationen grosse Verdienste erwarb.

Allein noch war an eine Mitwirkung des Senates nicht zu denken, der am 28. Februar 1898 auf Antrag des Silber-Republikaners Teller von Colorado zur Abwechslung wieder einmal in einer Resolution den Vereinigten Staaten das Recht vindizierte, ihre Schulden in Silber zu bezahlen!

Der Ausbruch des Kriegs mit Spanien drängte dann die Währungsfrage stark in den Hintergrund und gab den Silberleuten im Kongress noch einmal Gelegenheit, etwas zur Verschlechterung der amerikanischen Goldwährung zu thun. Es gelang ihnen, der Kriegssteuerbill vom 13. Juni 1898 ein Amendement anzuhängen, welches die Ausmünzung des Shermansilbers, die bisher fakulativ gewesen war, obligatorisch machte[1]).

Der für die amerikanischen Waffen so überaus günstige Verlauf des Krieges hatte für das Wirtschaftsleben der Union die segensreichsten Wirkungen. Im Sommer 1898 folgte auf die Depression, welche von der Krisis des Jahres 1893 ab datierte, endlich ein kräftiges Wiederaufleben der Unternehmungslust. Eine Periode steigender Preise und ausserordentlicher Blüte setzte ein, welche bis auf die Gegenwart fast ununterbrochen anhielt.

Der Ausfuhrhandel der Union erreichte Ziffern, wie sie bisher unerhört waren. Der Mehrwert der amerikanischen Warenausfuhr über die Einfuhr betrug im Fiskaljahre 1898 die Riesensumme von 615432676 Dollars, im Fiskaljahre 1899 529874813 Dollars. An landwirtschaftlichen Produkten allein wurden 1898 um 54355338 Dollars mehr ausgeführt als im Jahre der grössten Getreideausfuhr, das bisher verzeichnet worden war (1892). Noch bemerkenswerter war, dass 1898 zum ersten Mal in der Geschichte der Union der Wert der Ausfuhr von heimischen Fabrikerzeugnissen den Wert der Einfuhr überstieg. Die weitere Entwicklung der amerikanischen Exportindustrie hat seitdem selbst die kühnsten Erwartungen gerechtfertigt. Nicht nur stieg die Ausfuhr amerikanischer Industrieerzeugnisse fortgesetzt, sondern unter den Artikeln der Einfuhr zeigten namentlich diejenigen Rohstoffe eine bemerkenswerte Steigerung, die zur »Verarbeitung in heimischen Industrieen« dienen.

Gold strömte in reicher Menge ins Land; um mehr als 156 Millionen Dollars überstieg die Einfuhr in den beiden

---

[1]) s. S. 54.

Fiskaljahren 1898 und 1899 die Ausfuhr. Erst schüchtern, dann fast stürmisch kehrte das Gold im New-Yorker Zollhause wieder ein. Noch im März 1898 hatten die Kasseneinnahmen dort kaum zu einem Sechstel aus Gold bestanden. Im September des gleichen Jahres machte das Gold bereits 78 %, im September des folgenden Jahres 91,5 % der Einnahmen aus.

Auch im sonstigen Zahlungsverkehr spielte das Gold eine immer grössere Rolle. Während im Fiskaljahre 1898 nur 10,03 % der Staatseinnahmen und 11,83 % der Staatsausgaben in Gold effektuiert worden waren, stiegen die bezw. Verhältniszahlen 1898 auf 37,6 und 35,37 %, obwohl gleichzeitig Ein- und Auszahlungen an Umfang gewachsen waren. Dabei war die Nettogoldreserve des Schatzamtes in fortwährender Zunahme begriffen. Hatte sie noch Ende 1897 ca. 160 Millionen Dollars betragen, so bezifferte sie sich am 1. Januar 1899 auf 228, am 1. Oktober desselben Jahres auf 252 Millionen Dollars.

Auch in den wachsenden Ziffern der Goldprägungen kam die erfreuliche Kräftigung der Goldwährung zum Ausdruck [1]. 1898 wurden 64634865 Dollars, 1899 108177180 Dollars Gold an den amerikanischen Münzstätten ausgeprägt.

Diese überaus günstige wirtschaftliche Entwicklung nahm den Silberleuten allen Wind aus den Segeln und beseitigte das letzte Hindernis, welches der Währungsreform bisher im Wege gewesen war.

Die Novemberwahlen des Jahres 1898 räumten mit der silberfreundlichen Majorität im Senate auf.

Nun stand für die republikanische Partei nichts mehr entgegen, das vor drei Jahren gegebene Versprechen endlich einzulösen.

Politische Klugheit gestattete nicht, das alte Spiel mit dem internationalen Bimetallismus fortzusetzen [2]. Auch konnte es die Wahlen nur günstig beeinflussen, wenn unmittelbar vor

---

[1]) Wiewohl diese zum Teil auch auf einen andern Grund zurückzuführen ist; vgl. S. 60.

[2]) Doch gab die Partei dieses wirksame Agitationsmittel nicht preis. Noch im November 1898 schrieb Staatssekretär Hay an Lord Aldenham, dass mehrere Mitglieder des Kabinetts nach wie vor an der Hoffnung auf Zustandekommen des Doppelwährungsbundes festhielten.

Beginn des Wahlkampfes die Goldwährung von der republikanischen Partei auf eine dauernde Grundlage gestellt wurde. Denn das bedeutete für die demokratische Partei einen starken Anreiz, ihre Stellung zur Währungsfrage wiederholt scharf zu präzisieren. Nichts konnte den Republikanern aber erwünschter sein, als wenn ihre Gegner den Kampf zum zweiten Mal mit den total verbrauchten Waffen der Chicago-Platform von 1896 führten.

Man liess sich denn auch ruhig Zeit und überstürzte die legislatorische Arbeit nicht im Geringsten. Am 1. Februar 1899 wurde in einem republikanischen Caucus der Entschluss, ein Gesetz zur Erhaltung der Goldwährung zu schaffen, offiziell zum Ausdruck gebracht. Republikanische Mitglieder des Finanzkomités des Senates und des Komités für Währung und Bankwesen vom Repräsentantenhause gingen daran, je einen Entwurf auszuarbeiten, der dann, als der 56. Kongress am 4. Dezember 1899 zusammengetreten war, im betreffenden Hause eingebracht wurde. Das Repräsentantenhaus gelangte schon am 18. Dezember zur Abstimmung über seine Bill; der Senat liess sich Zeit bis 15. Februar 1900. Wie gewöhnlich trat dann ein Konferenzkomité beider Häuser zusammen, welches sich über einen Kompromissvorschlag einigte, wobei im Wesentlichen dem Text der Senatsbill gefolgt wurde. Dieser Vorschlag wurde am 6. März im Senat, am 13. im Repräsentantenhause angenommen. Am 14. März endlich unterzeichnete Präsident Mac Kinley die Bill. Es ist ein »Gesetz zur Erklärung und Befestigung des Wertstandards, zur Erhaltung der Parität aller Geldsorten, welche die Vereinigten Staaten geprägt oder emittiert haben, zur Convertierung der Staatsschuld und für andere Zwecke«.

## II.

Das Gesetz vom 14. März 1900 beseitigt zunächst alle Zweifel über die amerikanische Währung, indem es den Golddollar von 25 $^{8}/_{10}$ grains $^{9}/_{10}$ fein als Wertstandard erklärt.

Das ist zwar nichts Neues; denn es ging nach herrschender Anschauung auch schon bisher aus sect. 14 des Gesetzes vom 12. Februar 1873 im Zusammenhalt mit der sog. Paritätsklausel der Shermanbill hervor (im Entwurf des Senates hiess es dementsprechend, der Golddollar solle »fortfahren«, die Währungsgrundlage zu sein). Trotzdem hat jene Bestimmung ihre Berechtigung. Denn die Paritätsklausel der Shermanbill ist so unglücklich gefasst, dass sie einem silberfreundlichen Schatzsekretär auch die Auslegung in gerade entgegengesetztem Sinn gestattet hätte. Nunmehr ist nicht nur der bisherige Rechtszustand authentisch interpretiert, sondern es ist auch zum Ausdruck gebracht, dass die Goldwährung erhalten bleiben soll. Dass dies im Titel des Gesetzes so scharf zum Ausdruck gekommen ist, ist um so begrüssenswerter, als sonst der letzte Paragraph des Gesetzes über seine Tragweite wieder Zweifel erregen könnte. Denn da haben die Silberleute im Wege des Kompromisses glücklich wieder eine jener Liebeserklärungen an den internationalen Bimetallismus angebracht, welche nun einmal bei einer amerikanischen Währungsbill nicht fehlen darf. Das Gesetz zur »Befestigung der Goldwährung« soll nämlich »der Vollendung des internationalen Bimetallismus nicht im Wege sein, wenn irgend die Verhältnisse es angezeigt und ausführbar erscheinen lassen (sic), denselben durch Zusammenwirken der leitenden Handelsvölker und auf Grund einer Relation zu begründen, welche die Dauer des Wertverhältnisses zwischen Silber und Gold garantiert«.

Das Gesetz begnügt sich nicht damit, die Aufrechthaltung der Goldvaluta und die Erhaltung sämtlicher fiduziarischer Geldsorten al pari mit dem Golde (freilich unter ausdrücklicher Erhaltung des Dollars der Väter als Kurantmünze) als Ziel der amerikanischen Währungspolitik zu bezeichnen, sondern es erklärt geradezu, der Schatzsekretär habe die Pflicht, die Parität zu erhalten.

Diese Bestimmung ist von grosser Tragweite. Denn sie macht es unseres Erachtens unmöglich, dass etwa ein Schatzsekretär, der goldwährungsfeindlich wäre, auf gesetzlichem Boden durch irgendwelche Transactionen auf eine Vernichtung der Goldwährung hinarbeite. Aber noch mehr. Diese Bestimmung zwingt unseres Erachtens den Schatzsekretär, nicht allein alles zu unterlassen, was die Parität gefährden könnte, sondern auch alles zu thun, was zu ihrer Erhaltung notwendig und möglich ist, unter Umständen also selbst solche Geldsorten, die gesetzlich nicht in Gold einlösbar sind, gegen Gold umzutauschen[1]). Im Gesetzentwurf des Repräsentantenhauses war diese Verpflichtung des Schatzsekretärs sogar ausdrücklich ausgesprochen gewesen. Der Senat hat diese Bestimmung leider gestrichen, angeblich, um nicht eine zweite endlose Kette von Silbercertifikaten zu schaffen, in Wahrheit wohl, um den Anschein zu vermeiden, als sei es beabsichtigt, den Dollar der Väter zu discreditieren. Trotzdem führt eine

---

[1]) Die Auslegung der fraglichen Gesetzesbestimmung ist freilich schon jetzt in den Vereinigten Staaten recht bestritten. Prof. Laughlin hält sie überhaupt für ganz zwecklos, da dem Schatzsekretär keine Mittel zu ihrer Ausführung eingeräumt seien und selbst Schatzsekretär Lyman Gage, der das Gesetz gegen das herbe Urteil Laughlin's verteidigt, geht nicht soweit, wie unsre Auslegung im Texte. Gage scheint dem Schatzsekretär die Befugnis, Silber unmittelbar gegen Gold umzutauschen, unter allen Umständen abzusprechen. Nach seiner Ansicht muss der Schatzsekretär das Silber zuerst gegen Papiergeld tauschen. Dieses Papiergeld erst mag ihm dann wieder zur Einlösung in Gold präsentiert werden. Diese Politik indirekter Einlösung des Kurantsilbers haben die amerikanischen Schatzsekretäre schon unter der Herrschaft der Blandbill (seit 1885) befolgt, als ihnen die Erhaltung der Parität noch nicht zur Pflicht gemacht war.

sinngemässe Auslegung des Gesetzes nach seinem ausgesprochenen Zwecke notwendig zu dem Schluss, dass der amerikanische Schatzsekretär in Zukunft, wenn er anders seine Pflicht erfüllen will, recht wohl in die Lage kommen kann, Silberkurant gegen Gold einlösen zu müssen und dem Besitzer von Coin-Bonds gegenüber auf das ihm an sich gesetzlich zustehende Recht, Silberdollars auszuzahlen, zu verzichten.

Die Reformbill trifft, wenn sie sich auch ängstlich hütet, den herrschenden Rechtszustand radikal umzugestalten, manche Bestimmung, welche als eine Verbesserung desselben zu begrüssen ist.

Wichtig ist insbesondere die nunmehr durchgeführte Scheidung der mit dem Geldwesen in Verbindung stehenden Funktionen des Schatzamtes von dem eigentlichen Finanzdepartement. Als Zweige des Ressorts des Schatzmeisters wurden zwei neue Bureaux eingeschaltet, eine Abteilung für Papiergeldausgabe und eine Abteilung für die Einlösung. Die erstere hat die Erneuerung der unbrauchbar gewordenen Papiergeld-Stücke, die Umlegung kleiner Wertabschnitte in grössere etc. zu besorgen, letztere den Umtausch von Greenbacks und Schatznoten gegen Gold, von Goldcertifikaten gegen Gold in Münzen- und Barrenform, von Silbercertifikaten gegen Silberdollars, von Scheidemünze gegen gesetzliches Geld je in der vorgeschriebenen Weise zu vollziehen. Die Abteilung für die Einlösung erhält zu diesem Behufe ausser der sofort zu erörternden Geldreserve alles Gold und Silber, das im Umlauf durch Certifikate oder Schatznoten vertreten wird.

Nur der 5 prozentige Einlösungsfonds der Nationalbanken und das für die aufgegebene Zirkulation von Nationalbanknoten hinterlegte »gesetzliche Geld«[1]) bilden nach wie vor Teile der allgemeinen Staatskasse.

Die Abteilung für die Einlösung hat vor allen Dingen die Aufgabe, Greenbacks und Schatznoten jederzeit auf Verlangen in Gold einzulösen; die bisherige diskretionäre Befugnis, hierzu »Münze« d. h. Silber zu verwenden, ist, aufgehoben.

Zu diesem Zwecke wurde die Abteilung für die Einlösung mit einem Goldfonds von 150000000 Dollars ausge-

---

[1]) s. S. 21.

rüstet. Der Fonds soll niemals über diesen Betrag steigen, niemals unter 100000000 Dollars sinken; fällt er unter dieses Minimum, so ist er unverzüglich wieder bis zum Maximalbetrage zu ergänzen. Es ist ein Trustfonds, d. h. er darf zu keinem anderen Zwecke Verwendung finden als zur Einlösung von Greenbacks und Schatznoten. Bisher hatte die »Goldreserve« nur einen Teil der allgemeinen Staatskasse gebildet und konnte jederzeit auch für andere als Einlösungszwecke angegriffen werden.

Von besonderer Wichtigkeit sind die Bestimmungen des Gesetzes, welche sich auf die »endlose Kette« beziehen. Weder das Repräsentantenhaus, noch der Senat konnten sich entschliessen, die, wenn auch nur allmähliche, Einziehung der Greenbacks anzuordnen.

Der Senat liess es in seinem Entwurf überhaupt fast ganz bei dem Bestehenden. Hiernach sollten die Greenbacks, soweit sie einen Teil der allgemeinen Staatskasse bildeten, wieder ausgegeben werden müssen. Nur ein Betrag von 50000000 Dollars sollte (so lange die Goldreserve nicht unter 100000000 Dollars gefallen war) als ein Teil des Trustfonds der Abteilung für die Einlösung von der Zirkulation zurückgehalten werden können.

Das Repräsentantenhaus war radikaler vorgegangen, indem es bestimmte, dass Greenbacks, einmal in Gold eingelöst, nur wieder gegen Gold ausgegeben werden sollten, so dass sich die Greenbacks also von dem Augenblicke an, in dem sie zum zweiten Mal ausgegeben wurden, in Goldcertifikate verwandelt hätten.

Das Gesetz hat zwischen beiden Entwürfen, von welchen der des Repräsentantenhauses unbedingt den Vorzug verdiente, zu vermitteln versucht und dabei ist, wie so häufig bei Kompromissen, etwas recht Unzweckmässiges herausgekommen.

Das Gesetz bestimmt, dass die Greenbacks, welche von der »Abteilung für die Einlösung« in Gold eingelöst sind, sofort gegen einen entsprechenden Betrag Gold aus der allgemeinen Staatskasse, der der Goldreserve einverleibt wird, umgetauscht werden müssen. Ist ein Greenback auf solche Weise aus dem Einlösungsfonds in die allgemeine Staatskasse gewandert, so kann und muss er, wie bisher, wieder ausgegeben werden.

Trifft es sich aber, dass der Schatzsekretär in seiner

allgemeinen Kasse kein Gold besitzt und sich solches weder durch Tausch von Greenbacks gegen Gold, noch durch Kauf von Gold gegen Greenbacks verschaffen kann, so dass die Goldreserve unter ihren Minimalstand von 100 Millionen Dollars sinkt und zu ihrer Wiederherstellung eine Goldanleihe erforderlich wird, so wird die Sache verwickelt.

Die Aufnahme einer solchen Goldanleihe ist dem Schatzsekretär gegen früher entschieden erleichtert, indem ihm nunmehr vorgeschrieben ist, die Bonds auf Zahlung in Gold zu stellen — (statt dem zweideutigen »coin«) — und dreiprozentige (statt der 4 und 5 prozentigen) Bonds auszugeben, die er nach seinem Ermessen binnen Jahresfrist tilgen kann. Das Gold, welches sich der Schatzsekretär auf solche Weise verschafft, soll zuerst in die allgemeine Staatskasse fliessen; dann sollen damit, wie in normalen Zeiten, die in der Abteilung für die Einlösung befindlichen Greenbacks eingewechselt werden, bis die Goldreserve (nachdem alle eingelösten Greenbacks in die allgemeine Staatskasse gewandert sind) wieder aus 150 Millionen Dollars Gold besteht.

Diejenigen Greenbacks nun, welche der Schatzsekretär nach Aufnahme einer Goldanleihe auf die geschilderte Weise in seinen Besitz bekommt, soll er nicht unbedingt wieder ausgeben dürfen. Sie sollen nämlich dann nicht mehr ausgegeben werden, wenn ihre Ausgabe »zur Deckung eines Ausfalls in den laufenden Einnahmen dienen würde.«

Die Bedeutung dieser Bestimmung ist höchst unklar. Offenbar hat man beabsichtigt, dadurch zu verhindern, dass der Schatzsekretär mehr Geld aufnimmt, als zur Wiederherstellung der Goldreserve erforderlich ist. Es ist nämlich eine der Hauptanklagen der Republikaner gegen die zweite Cleveland'sche Administration (1892—1896), dass man damals die Wiederherstellung der Goldreserve zum Vorwand für die Aufnahme von Anleihen zur Beseitigung des Defizits genommen, den Goldmangel zur Beseitigung des Geldmangels im Wege der Anleihe[1]) ausgebeutet habe. Wie das nun in Zukunft dadurch anders werden soll, dass der Schatzsekretär

[1]) Die republikanische Partei steht natürlich der Steigerung der Einnahmen durch Erhöhung der Zolle sympathischer gegenüber.

die eingetauschten Greenbacks nicht zur Deckung eines Defizits verwenden darf, ist schwer zu begreifen. Denn der Schatzsekretär ist jederzeit in der Lage, durch Ausgabe von Schatzwechseln oder andere Mittel das Gleichgewicht von Einnahmen und Ausgaben in seiner Kasse wieder herzustellen, um freie Hand zur beliebigen Wiederausgabe der Greenbacks zu gewinnen. Diese ist somit dem Schatzamte für den Normalfall durchaus erlaubt, ja vorgeschrieben und nur gerade in dem einzigen Ausnahmefall mit einer — übrigens unwirksamen — Einschränkung versehen, in welchem wenigstens das fiskalische Interesse eine schwache Rechtfertigung für die sonst unzweckmässige Massregel abgeben könnte.

Alles in Allem: die endlose Kette läuft weiter. Die Greenbacks können auch nach der jüngsten Reform jederzeit genau so wieder ausgegeben werden, wenn sie in Gold eingelöst sind, wie früher. Immerhin wurden wenigstens die Schatznoten von 1890 auf den Aussterbeetat gesetzt. Es wurde erwähnt, dass ein Gesetz vom 13. Juni 1898, ein Anhängsel der Kriegssteuerbill, den Schatzsekretär anwies, aus dem Shermansilber monatlich mindestens 1500000 Silberdollars prägen zu lassen. Dieses Gesetz wurde in der Zwischenzeit ausgeführt, mit dem Erfolge, dass am 14. März 1900 von den 168674683 Unzen Silber, welche die Vereinigten Staaten unter der Shermanbill mit einem Kostenaufwand von 155931002 Dollars gekauft haben, nur noch 85550000 Unzen Barren im Ankaufswerte von 77720995 Dollars und 9049005 Silberdollars vorhanden waren[1]).

Der vorhandene Barrenrest soll nun zur Prägung von Scheidemünze und Silberdollars verwendet werden.

Die Scheidemünze kann nur einen kleinen Teil davon konsumieren. Es darf nämlichder Betrag der Scheidemünze 100 Millionen Dollars nicht übersteigen. Da nun am 14. März 1900 bereits 80101151 Dollars an Scheidemünze vorhanden waren, können nur weitere 20000000 Dollars geprägt werden. Hierzu sind ca. 14 Millionen Unzen Silber notwendig. Im Betrag des Kostenpreises dieses Silbers (ca. 90,5 cents

---

[1]) Die Schatznoten waren dementsprechend bis auf 86770000 Dollars verringert worden (vgl. S. 53).

pro Unze), d. i. ca. 13 Millionen Dollars, können alsbald nach Prägung der neuen Scheidemünze Schatznoten eingezogen werden.

Der dann noch verbleibende Rest von ca. 86—13 = 73 Millionen Dollars Schatznoten gelangt zur Einziehung, indem gleichzeitig Silberdollars ausgeprägt werden.

Nach der Shermanbill konnte der Schatzsekretär die Schatznoten, welche er einnahm, nur dann vernichten, wenn er sie gegen solche Silberdollars, die aus dem Shermansilber geprägt worden waren, eingelöst hatte. Jetzt ist er ermächtigt, alle Schatznoten, welche, sei es gelegentlich ihrer Einlösung, sei es im gewöhnlichen Kassenverkehr, in seinen Besitz kommen, vernichten zu lassen. Nur muss die Vernichtung der Schatznoten mit der Prägung von Silberdollars gleichen Schritt halten.

Da bei der Ausprägung des Shermansilbers gegenüber dem Kostenpreis ein Münzgewinn von ca. 27 Millionen Dollars erzielt werden wird, so werden an Stelle der ca. 73 Millionen Dollars Schatznoten 100 Millionen neue Silberdollars treten, für welche Certifikate ausgestellt werden.

Nach voller Durchführung der Ausprägung des Shermansilbers werden ca. 580 Millionen Standardsilberdollars in den Vereinigten Staaten vorhanden sein.

Die Reformbill nimmt auch einige Veränderungen in der Verteilung des Appoints des vorhandenen Papiergeldes vor.

Der Zweck, der dabei verfolgt wird, ist der, die kleinen Wertabschnitte, gewissermassen das Parterre des Geldverkehrs, den Silbercertifikaten zu reservieren. Die höheren Wertabschnitte sollen vorwiegend durch Greenbacks, Goldcertifikate und Banknoten eingenommen werden.

Es sollen darum künftig fast gar keine Silbercertifikate in Appoints über 10 Dollars mehr ausgegeben werden; nur $^1/_{10}$ der Gesamtmenge darf auf Appoints von 20, 50 und 100 Dollars lauten.

Ursprünglich lauteten die Silbercertifikate ausschliesslich auf Beträge über 10 Dollars; erst als man unter der Blandbill die Erfahrung gemacht hatte, dass die Silbercertifikate nur im Kleingeldverkehr in fortdauernder Zirkulation erhalten werden können, liess das Gesetz vom 4. August 1886 auch Wertabschnitte von 1, 2 und 5 Dollars zu. Jetzt kommt man dazu, die höheren Werthabschnitte fast ganz zu beseitigen.

Uebersicht der einzelnen Papiersorten nach Appoints.
Fiskaljahr 1899.
Millionen Dollars.

| $ | Legal-tender-noten. | Silber-certifikate. | Gold-certifikate. | National-Bank-noten. | Wahrungs-certifikate. |
|---|---|---|---|---|---|
| 1 | 14,7 | 40,7 | — | 0,3 | — |
| 2 | 10,9 | 22,9 | — | 0,1 | — |
| 5 | 106,4 | 106,8 | — | 73,7 | — |
| 10 | 120,1 | 126,1 | — | 75,4 | — |
| 20 | 88,1 | 80,6 | 4,5 | 56,3 | — |
| 50 | 13,7 | 22,9 | 2,5 | 11,5 | — |
| 100 | 25,5 | 5,4 | 3,4 | 23,5 | — |
| 500 | 12,2 | 0,13 | 3,2 | 0,1 | — |
| 1000 | 49,0 | c,15 | 5,4 | 0,02 | — |
| 5000 | 0,15 | — | 4,7 | — | 0,4 |
| 10000 | 0,10 | — | 10,3 | — | 20,9 |

Nach dem neuen Gesetze werden die Silbercertifikate in Appoints von 500 und 1000 Dollars ganz, die Appoints von 20, 50 und 100 Dollars ungefähr zur Hälfte verschwinden. Gleichzeitig wird die Konkurrenz anderer Papiersorten dadurch beseitigt, dass

1. pari passu mit dem Ersatz der Silbercertifikate in Appoints über 10 Dollars durch niedrigere Appoints die Greenbacks in Appoints unter 10 Dollars eingezogen und dafür höhere Appoints emittiert werden.

Von den 377000000 Dollars Papier, welche im Fiskaljahre 1899 in Appoints von 1 bis 5 Dollars umliefen, bestanden 132000000 Dollars aus Greenbacks und Schatznoten. An ihre Stelle sollen nunmehr ausschliesslich Silbercertifikate treten. Zu demselben Behufe bestimmt das Gesetz ferner

2. dass die Nationalbanken nicht mehr als $^{1}/_{3}$ ihrer Notenzirkulation in Appoints von 5 Dollars ausgeben dürfen. Von den 241000000 Dollars Nationalbanknoten, welche im

Fiskaljahre 1899 umliefen, lauteten nur 74000000 Dollars auf Appoints von 5 Dollars, sodass die vorhandene Notenzirkulation durch das neue Gesetz in dieser Richtung keine Aenderung erleiden wird.

Die Goldcertifikate, deren Emission in der Zeit vom 14. April 1893 bis 8. August vorigen Jahres inhibiert gewesen war, werden in Zukunft in alter Weise in Appoints von 20 Dollars und mehr ausgegeben. Nur muss $^1/_4$ auf Beträge von 50 Dollars oder weniger lauten, was bisher nicht vorgeschrieben war.

Die Emission von Goldcertifikaten muss, wie bisher, eingestellt werden, wenn die Goldreserve unter 100 Millionen Dollars fällt; sie kann eingestellt werden, wenn in der allgemeinen Staatskasse Greenbacks und Silbercertifikate sich über 60000000 Dollars beziffern.

Dem Schatzsekretär soll dadurch erleichtert werden, die Greenbacks und Silbercertifikate in Zirkulation zu erhalten.

Alle diese Bestimmungen kranken an dem gemeinsamen Fehler, dass sie eine Sache in mechanischer Weise anpacken, die sich nicht nach mechanischen Regeln behandeln lässt.

Das Prinzip, denjenigen Teil der Zirkulationsmittel, der der unsolideste ist, nämlich das Silberkurant, womöglich dort unterzubringen, wo er die grösste Aussicht auf dauernde Zirkulation besitzt, und zu diesem Behuf die Silbercertifikate, so viel als möglich, sich zwischen den Wertabschnitten von 1 bis 10 Dollars bewegen zu lassen, ist an sich nur zu billigen. Allein es ist irrationell, ziffermässige Grenzen ein für allemal zu bestimmen, innerhalb deren sich die Wertabschnitte der einzelnen Papiersorten zu bewegen haben. Wenn irgend, so wäre es hier veranlasst gewesen, dem diskretionären Ermessen des Schatzamtes freien Spielraum zu gewähren. An der grösseren oder geringeren Ansammlung der verschiedenen Appoints und Sorten im Staatsschatze besitzt es den besten Massstab dafür, wie die einzelnen Appoints am zweckmässigsten zu verteilen sind.

Die Reformbill bestimmt ferner, dass nicht nur die in Zukunft zwecks Erhaltung der Goldwährung aufzunehmenden Anleihen ausdrücklich in Gold zahlbar sein sollen, sondern lässt auch die Konvertierung eines Teiles der zur Zeit vorhandenen Staatsschuld, die auf Zahlung »in coin« lautet, in eine mit 2 % verzinsliche, in Gold zahlbare Schuld zu.

Bedauerlich ist, dass bei dieser Gelegenheit nicht einfach die Heimzahlung der gesamten zur Zeit vorhandenen Staatsschuld in Gold den Staatsgläubigern zugesagt wurde. Denn da der Silberdollar seinen Charakter als gesetzliches Zahlungsmittel beibehält, so ist die Möglichkeit gegeben, dass die dem Kredit der Vereinigten Staaten früher so nachteilige Kontroverse über die Befugnis, »in coin« zahlbare Verbindlichkeiten in Silber zu bezahlen, auch in Zukunft fortgesetzt wird.

Immerhin ist die praktische Bedeutung dieser Kontroverse durch den Umstand ausserordentlich vermindert, dass die konversionsfähigen Schuldgattungen den grössten Teil der vorhandenen Staatsschuld ausmachen. Es sind dies die 4 prozentige Staatsanleihe, die im Jahre 1907, die 5 prozentige, die im Jahre 1904, die 3 prozentige, die im Jahre 1908 fällig wird.

Diese drei Anleihegattungen machen 839146340 Dollars der zur Zeit insgesamt 1026863050 Dollars betragenden Staatsschuld der Vereinigten Staaten aus.

Die Konversion dieser Bonds in 2 prozentige mit dreissigjähriger Unkündbarkeit ist eine fakultative und findet in der Weise statt, dass den Besitzern der alten Bonds, die diese gegen neue umwechseln, die Differenz zwischen dem unter Zugrundlegung eines Zinsfusses von 2¼ % berechneten gegenwärtigen Marktpreise der alten Bonds und dem Nominalwerte der neuen in bar vergütet wird.

Bei diesem Umwandlungsmodus wird für die 5 % Bonds von 1904 eine Differenz von 10.0751, für die 4 % Bonds von 1907 eine Differenz von 11.6765, für die 3 % Bonds von 1908 eine Differenz von 5.6851 Dollars pro 100 Dollars nominal vergütet. Wenn sämtliche konversionsfähigen Bonds umgetauscht werden, betragen die zu zahlenden Barvergütungen 84551046 Dollars. Kommen alle Bonds auf dieser Basis zum Umtausch, so beträgt der den Vereinigten Staaten aus der Konversion erwachsende Zinsgewinn, unter der Voraussetzung, dass die Bonds ihre volle Zeit ausstehen, ca. 106,5 Millionen Dollars, so dass die Vereinigten Staaten aus der

Transaktion einen Nettogewinn von ca. 22000000 Dollars ziehen würden.[1])

Diese Konversion der Staatsschuld findet indessen nicht aus fiskalischen Gründen statt, sondern zu dem Zwecke, den Nationalbanken Gelegenheit zur Ausdehnung ihrer Zirkulation zu geben. Dies erklärt es auch in erster Linie, warum die Vereinigten Staaten in einer Zeit, da die englische Regierung unter weit schlechteren Bedingungen Geld aufnehmen muss, zu 2 % Kredit erhalten. Die Nationalbanken sind die Hauptbesitzer der konversionsfähigen Bonds, da sie das Gesetz zwingt, einen grossen Teil ihres Kapitals darin anzulegen. Für sie ist aus den früher entwickelten Gründen ein geringverzinslicher Bond mit langer Laufzeit viel rentabler, als ein hochverzinslicher, dessen Heimzahlung vor der Thür steht. Darum werden sie durch ihr eigenes Interesse angewiesen, die Konversion zu begünstigen. Noch mehr gilt dies für Banken, die sich eben im Stadium der Gründung befinden und zu diesem Behufe zum Ankauf von Bonds der Vereinigten Staaten gezwungen sind.

So geniesst die Union, dank einem mangelhaften Notenbankgesetz, vor anderen Staaten den Vorzug ausserordentlich billigen Staatskredits. Vielleicht sieht man in den Vereinigten Staaten aber einmal ein, dass die Gesamtheit besser dabei fährt, wenn der Staat seine Schulden tilgt, statt sie zur Konservierung eines total verfehlten Systems der Zettelausgabe zu prolongieren oder gar zu vermehren.

Die Nationalbanken werden durch die Reformbill nicht allein mit einer als Basis ihrer Notenzirkulation geeigneteren Gattung von Bonds ausgerüstet, sondern es wird ihnen auch gestattet, ihre Notenemission von 90 auf 100 % des Nominalbetrages der hinterlegten Bonds auszudehnen. Endlich wurden

---

[1]) Dieser Gewinn ist natürlich imaginär; denn vom Standpunkte sparsamer Finanzwirtschaft aus wäre es viel rentabler, die in den nächsten Jahren zu erwartenden Ueberschusse zur Tilgung der ganzen — schon 1908 fälligen, jetzt aber um 30 Jahre prolongierten — Staatsschuld zu verwenden. — Uebrigens lässt sich nicht voraussehen, in welchem Umfang die Konversion gelingen wird. Bis jetzt sind ca. 300 Millionen Dollars alter Bonds gegen 2 prozentige neue umgetauscht worden.

die Gewinnchancen des Notengeschäfts auch dadurch erhöht, dass die Notensteuer von 1 % auf $^1/_2$ % ermässigt wurde.

Gegen beide Neuerungen lässt sich nichts einwenden. Die Beschränkung des Emissionsbetrages auf 90 % des Nominalwertes der Bonds war schon längst irrationell, weil die Bonds der Vereinigten Staaten seit drei Jahrzehnten hoch über pari standen[1]) und überdies das Bankgesetz vorschreibt, dass die Banken, wenn je der Kurswert der hinterlegten Bonds unter den Betrag ihrer Notenzirkulation fallen sollte, die Differenz sofort durch Hinterlegung von weiteren Bonds oder in Bargeld gutmachen müssen.

Die Ermässigung der Notensteuer auf $^1/_2$ % entspricht der Billigkeit. Die Notensteuer soll lediglich zur Deckung der für den Staat mit der Beaufsichtigung des Zettelwesens verknüpften Unkosten dienen; ausser dieser Bundessteuer sind die Nationalbanken in den Einzelstaaten sehr verschiedener Besteuerung unterworfen. Für den Zweck der Bundessteuer ist nun eine $^1/_2$ prozentige Notensteuer mehr als ausreichend. Die bisherige 1 prozentige Notensteuer war um so ungerechter, als es vorwiegend die ärmeren Landesteile sind, die sich der Noten als Umlaufsmittel bedienen, während in den grossen Handelsplätzen der — steuerfreie — Depositenverkehr die entsprechenden Dienste thut. Diese Ungleichheit der Belastung bleibt zwar auch bei der $^1/_2$ prozentigen Notensteuer bestehen, wird aber wenigstens in ihrer Wirkung durch die Ermässigung auf die Hälfte abgeschwächt.

Zu begrüssen ist es auch, dass endlich die ganz unzweckmässige Erschwerung der Noteneinziehung beseitigt wurde, welche das Gesetz vom 12. Juli 1882 eingeführt hatte[2]).

Von den 232463160 Dollars Bonds, welche nach dem letzten Berichte des Kontrolleurs des Geldumlaufs im Jahre 1899 als Deckung für die Notenemission dienten, bestanden 193312810 in solchen Bonds, welche nach dem neuen

[1]) Auch die neuen 2 prozentigen Bonds erzielten Kurse bis zu 106 und standen seither andauernd uber pari.

[2]) Die Bestimmung, dass eine Bank, welche einen Teil ihrer Zirkulation zurückzieht, zur Strafe während der folgenden 6 Monate dieselbe nicht wieder vermehren darf.

Gesetze in 2 prozentige konvertiert werden können. Auf Grund dieser 193321810 Dollars durften nach dem bisherigen Gesetze nur 173981529 Dollars Banknoten emittiert werden. Es konnte also ohne Weiteres eine Steigerung der Notenzirkulation um 20000000 Dollars eintreten. Darüber hinaus eröffnet die Bill die Möglichkeit einer fast unbegrenzten Steigerung der Notenzirkulation, da nur das Kapital sämtlicher vorhandener Banken und die Existenz von Bonds die Notenzirkulation begrenzen.

Das Bankkapital sämtlicher Nationalbanken betrug am 1. August d. J. 631108095 Dollars.

Theoretisch wäre also die Vermehrung der Banknotenzirkulation bis zu diesem Betrage und noch weit darüber hinaus denkbar, wenn die Neuregelung des Notenwesens zu einer allgemeinen Steigerung der Emission bis zur Maximalgrenze und zur Gründung zahlreicher neuer Notenbanken führen sollte. Allein bis auf Weiteres muss mit gutem Grund bezweifelt werden, ob überhaupt eine sehr bedeutende Steigerung der Notenzirkulation eintreten wird. Je grösser die »Meinung« für die Rentabilität des Notengeschäftes unter den neuen Bedingungen sein wird, um so grösser wird natürlich auch die Nachfrage nach den konvertierten Bonds werden. Sobald die dadurch verursachte Kurssteigerung dieser Bonds eine gewisse Höhe erreicht hat, hört aber das Notengeschäft schon wieder auf, rentabel zu sein. Aus diesem Grunde ist auch am Anfang der achtziger Jahre, zu einer Zeit, da die Kurse der Staatspapiere und die allgemeine Geschäftslage die Notenemission ausserordentlich begünstigten, die thatsächliche Vermehrung der Notenzirkulation weit hinter den Erwartungen zurückgeblieben.

Eine weitere Schranke gegen die von Manchen befürchtete Banknoteninflation bildet die Aufnahmefähigkeit des Verkehrs für die Banknoten. Werden solche über das vorhandene Bedürfnis hinaus in Umlauf gesetzt, so ist die nächste Folge die, dass sich ihre Umlaufszeit vermindert und die Nationalbanken eine wachsende Menge ihrer eigenen Noten zurückerhalten. Da Banknoten als Bankreserven nicht verwendbar sind, so vermindert sich natürlich der Gewinn des

Notengeschäfts entsprechend der Geschwindigkeit der Ansammlung der Noten in den Gewölben der Banken. Eine Inflation wäre nur dann zu befürchten, wenn das Publikum die neuausgegebenen Noten dem Papiergelde und den Silbercertifikaten als Umlaufsmittel vorziehen würde. Dann würden die Nationalbanknoten diese Geldsorten allmählich aus dem Umlaufe verdrängen. Die für Umlaufszwecke nicht benötigten Greenbacks und Silbercertifikate, bezw. das für erstere beim Schatzamt eingetauschte Gold, würden zu einer starken Vergrösserung der Bankreserven und zu einer vielleicht gefährlichen Krediterleichterung, event. zu einer Krisis führen.

Ist nun auch weder eine derartige Erhöhung der Gewinnchancen der Notenemission noch eine Verdrängung der übrigen Papiersorten, namentlich der Silbercertifikate, durch die neuen Banknoten, und infolgedessen auch eine Inflation nicht zu befürchten, so ist doch die Neuordnung der Dinge für die amerikanische Valuta nicht ohne Bedenken.

Die amerikanische Banknote besitzt aus den früher entwickelten Gründen eine grosse Umlaufsfähigkeit[1]) und tritt daher mit den Greenbacks in wirksame Konkurrenz. Da nun die amerikanische Notenzirkulation von Allem eher abhängt, als von den Bedürfnissen des Verkehrs, und so im Allgemeinen gerade dann einen Antrieb zur Steigerung empfängt, wenn die Unternehmungslust stockt und das Bedürfnis nach Banknoten am geringsten ist, so besteht die Aussicht, dass die Nationalbanknoten von Zeit zu Zeit zu einer Verdrängung eines Teils der Greenbacks aus dem Umlauf, zu einer Vermehrung von Goldentnahmen aus dem Schatzamte und zu einer Erleichterung der Goldausfuhr aus den Vereinigten Staaten beitragen werden.

Die bisherige Entwickelung hat die Befürchtung derer, die eine Inflation mit Sicherheit erwarteten, nicht gerechtfertigt. Die Notenzirkulation hat sich seit dem 14. März ziemlich ausgedehnt, wie zu erwarten war, allein bis jetzt hat sich diese Expansion innerhalb mässiger Grenzen gehalten.

Die Notenzirkulation ist in dem ersten Vierteljahre seit Inkrafttreten des Gesetzes um ca. 60 Millionen Dollars ge-

---

[1]) s. S. 78.

wachsen[1]). Der überwiegende Theil des neuen Notenumlaufs rührt aber von Banken her, welche schon vor dem 14. März 1900 existierten.

Das Gesetz hat die Gründung von Banken mit mindestens 25000 Dollars Kapital in Städtchen unter 3000 Einwohnern zugelassen und von dieser Ermächtigung ist alsbald reichlich Gebrauch gemacht worden. Schon innerhalb der ersten 10 Tage nach dem 14. März erhielt der Kontrolleur des Geldumlaufs Gesuche um Zulassung von 350 neuen Banken, davon die Mehrzahl mit der Mindestkapitalisation von 25000 Dollars. In der Zwischenzeit sind 150 solcher Kleinbanken, namentlich im Süden und Westen, ins Leben getreten.

Auffallend ist nun, dass diese neugegründeten Kleinbanken sich an der Vermehrung der Notenzirkulation kaum mehr beteiligt haben, als sie vermöge der Notwendigkeit, $^1/_4$ ihres Grundkapitals in Bonds anzulegen, zu thun gezwungen waren. Nicht minder bemerkenswert ist, dass die Nationalbanken mit grösserem Kapital, welche seit 14. März c. ins Leben getreten sind, hauptsächlich nicht durch Neugründung, sondern durch Umwandlung von Staatenbanken entstanden sind.

Daraus ergeben sich deutliche Anhaltspunkte dafür, dass die Gewinnchancen des Notengeschäfts durch die neueste Bankreform nicht in solchem Masse gewachsen sind, als von vielen befürchtet und von den Gründern der zahlreichen Liliputbanken in der ersten Begeisterung erhofft worden ist.

---

[1]) Die bisherige Entwicklung zeigt nachfolgende Tabelle:

| | Zahl der National-banken. | Notenzirkulation einschliesslich der »gerichteten« Noten. | Depots von gesetzlichen Zahlungsmitteln behufs Einziehung von Noten. | Notenzirkulation abzüglich der »gerichteten« Noten. |
|---|---|---|---|---|
| 1. Januar | 3606 | $ 246195523 | $ 36435538 | $ 209759985 |
| 1. Februar | 3606 | 246987193 | 36820404 | 210166789 |
| 1. März | 3612 | 249434878 | 35824849 | 213610029 |
| 1. April | 3616 | 270953068 | 37668838 | 233284230 |
| 1. Mai | 3659 | 285278326 | 39211164 | 246067162 |
| 1. Juni | 3722 | 300488889 | 37399772 | 263089117 |
| 1. Juli | 3816 | 309640443 | 35524891 | 274115552 |
| 1. August | 3858 | — | — | 286447434 |

## III.

»Die Erwartungen, unter welchen das amerikanische Volk vor vier Jahren, sich von der demokratischen Partei abwendend, die Regierungsgewalt einem republikanischen Präsidenten und einem republikanischen Kongress anvertraute, sind erfüllt und befriedigt worden. Als das Volk sich damals, nach einem demokratischen Gesetzgebungs- und Administrationstermin, an den Wahlplätzen versammelte, lagen die Geschäfte vollständig darnieder, die Industrie war gelähmt und der Kredit der Nation in verhängnisvoller Weise geschädigt. Das Kapital des Landes lag unthätig in Verstecken, die Arbeiter waren in drückender Lage und ohne Beschäftigung. Die Demokraten hatten keinen anderen Plan, um die ruinösen Zustände, die sie selbst herbeigeführt hatten, zu bessern, als die Prägung von Silber im Verhältnis von 16 zu 1. Die republikanische Partei, welche diesen Plan verwarf, weil er noch viel schlimmere Zustände herbeiführen müsste als die, für welche Abhülfe gesucht wurde, versprach die Wiederherstellung der Prosperität durch zwei legislative Massnahmen: einen Schutzzolltarif und ein Goldwährungsgesetz ......

Der Auftrag ist zur Ausführung gekommen, das Versprechen der Partei eingelöst worden. Der Annahme des Gesetzes folgte eine Prosperität, die allgemeiner und reichlicher war, als jemals zuvor. Es besteht nicht länger eine Kontroverse über den Wert der Regierungs-Sekuritäten. Jeder amerikanische Dollar ist ein Golddollar oder steht einem Golddollar an Wert gleich. Das Kapital ist in voller Thätigkeit und die Arbeiter haben überall lohnende Beschäftigung.«

Fürwahr es ist viel Lob, das sich die republikanische Partei in dieser Planke ihrer jüngsten Platform selber spendet. Aber es ist wahr: der Patient hat sich wunderbar erholt. Nur übertreibt der Arzt das Verdienst bedeutend, das ihm bei diesem Erfolge zukommt.

Denn was immer der Anteil sein möge, welchen der Dingleytarif an dem Aufblühen der amerikanischen Industrie gehabt hat — andere sagen, er habe weit mehr das Emporwuchern schädlicher Trusts gefördert — die Goldbill vom 14. März 1900 jedenfalls hat die Prosperität der letzten Jahre nicht geschaffen. Dazu kam sie ein bischen post festum, und man kann mit grösserer Berechtigung sagen, sie sei durch die Prosperität geschaffen worden. Denn wer weiss, ob die republikanische Partei den Mut gefunden hätte, den Goldstandard zu »definieren und zu fixieren«, wenn nicht eine Reihe glücklicher Umstände, auf welche sie so wenig Einfluss geübt hat, wie auf das Wetter, die Goldwährung von selber befestigt und der Silberbewegung den Boden entzogen hätten.

Es ist aber schon alles Denkbare, dass dieselben Leute, welche die Shermanbill gemacht haben, nun wenigstens die Möglichkeit aus dem Wege räumten, die Goldwährung auf dem Boden der bestehenden Gesetze durch administrative Massnahmen zu vernichten.

Denn das ist das Verdienst — leider das fast einzige Verdienst — des Gesetzes vom 14. März 1900, dass es auch einen goldwährungsfeindlichen Schatzsekretär verhindert, die Greenbacks in Silber einzulösen und die Goldwährung ihrem Schicksal zu überlassen.

Alles Uebrige, was das Gesetz hinsichtlich der Währung bestimmt, die Vorschriften bezüglich der Goldreserve und ihrer Erneuerung, die Einziehung der Schatznoten, die Aufteilung der Appoints des Papiergeldes zu Gunsten der Silbercertifikate zu 5 Dollars und darunter —, ist nicht besonderer Rede wert. Auch wird die Freude an diesen kleinen Reformen durch Dinge, wie die Vermehrung des Silberkurants um weitere 100 Millionen Dollars nicht unwesentlich beeinträchtigt.

Die eigentlich schwierigen und wichtigen Aufgaben der Reform jedoch, die Frage der Beseitigung der Greenbacks und die Schaffung eines elastischen Notensystems, blieben vollständig ungelöst. Ja, die Notenbankreform der Zukunft wird durch das Reformgesetz vom 14. März 1900 sogar schwer beeinträchtigt, weil es die weitere Dezentralisierung des Bankwesens fördert und die Lebensfähigkeit des gegenwärtigen irrationellen Systems der Zettelausgabe durch künstliche Mittel erhält.

Das Geld- und Bankwesen der Union bleibt auch nach der jüngsten Reform, von der ein bischen zu viel Aufhebens gemacht wurde, in einem Zustande, der das Schatzamt der Vereinigten Staaten nötigt, eventuell — zu den 357 Millionen Dollars, die zu diesem Zweck bisher schon geborgt werden mussten — noch weitere Schulden aufzunehmen, um die Goldvaluta zu erhalten, und diese Schulden fortgesetzt zu prolongieren, damit die Banknote nicht ganz aus dem Kreise der Umlaufsmittel verschwinde. Diese wachsende Schuld stellt indess nur einen Teil der Opfer dar, welche das amerikanische Volk oder richtiger die Masse der Konsumenten — denn diese tragen die Last der Zölle, aus welchen die Vereinigten Staaten zum Vorteil der grossen Produzenten ihren Staatsbedarf fast ausschliesslich decken — für die Erhaltung einer ungesunden Verfassung des Geldwesens zu bringen hat. Es ist unverkennbar, dass die grosse Häufigkeit und Bösartigkeit der Wirtschaftskrisen in den Vereinigten Staaten mit diesen Verhältnissen im engsten Zusammenhange steht.

Die republikanische Partei scheint denn auch anzuerkennen, dass bisher nur halbe Arbeit gemacht wurde. Wenigstens findet sich in der jüngsten Platform eine Stelle, welche auf eine künftige Reform des Bankwesens bezogen werden kann.

»Wir anerkennen«, heisst es da, »dass die Zinsraten mächtige Faktoren für die Produktion und geschäftliche Thätigkeit sind und befürworten zu dem Zwecke weiterer Gleichmachung und weiterer Herabsetzung der Zinsraten eine Geldgesetzgebung, durch welche es möglich wird, den verschiedenartigen Bedürfnissen der Zeit und aller Landesteile prompt zu genügen, damit die Geschäfte gleichmässig unterstützt, den Arbeitern ständige Beschäftigung gesichert und der Handel erweitert wird. Das Volumen des zirkulierenden Geldes per Kopf war niemals so gross wie gegenwärtig.«

Es ist freilich ein recht verschwommenes Programm, das hier entwickelt wird. Was das für »Geldgesetzgebung« ist, welche die lokalen und zeitlichen Schwankungen des Zinsfusses vermindern und dessen Sinken befördern soll, bleibt noch Geheimnis. Aus dem Zusammenhange aber, in welchen die Vermehrung der Zirkulationsmittel per Kopf der Bevölkerung mit der Verbilligung des Zinsfusses gebracht ist, muss leider geschlossen werden, dass die Verfasser der Platform den Unterschied von Geld und Kapital sich immer noch nicht klar gemacht haben. Das ist aber gerade jener bedenkliche Irrtum, welcher die Inflationisten fortgesetzt zur Silberfreiprägung und Vermehrung der Greenbacks behufs »Verbilligung des Geldes« veranlasst.

Ausserordentlich bedeutungsvoll ist die Haltung, welche die demokratische Partei zu dem Gesetz vom 14. März 1900 eingenommen hat. Wäre sie blindlings den Ideen ihres Führers, W. J. Bryan, gefolgt, so hätte sie sich in wilden Anklagen gegen dieses neue »Verbrechen«, gegen den jüngsten »Mord des Silbers« — (es ist unglaublich, wie oft das Silber gemordet werden kann, bis es tot ist) —, den »Raub der Hälfte des Geldes der Verfassung« u. s. w. ergangen. Sie hätte das famose »16 : 1« aufs neue zum Schlachtgeschrei erhoben und all die schönen Fragen, welche mit »Imperialismus« und »Trusts« zusammenhängen und denen gegenüber die demokratische Partei fast ausnahmslos einen viel volkstümlicheren und meist auch einen gerechten und vernünftigen Standpunkt vertritt, wären dann in zweiter und dritter Linie gekommen. Allein der Parteiconvent hat die von seinem Führer vorgeschlagene Reihenfolge gerade herumgedreht und »Imperialismus« an die Spitze, »Silber« an das Ende gestellt — (und auch dahin nur unter grossem Widerstreben eines grossen Teiles der Partei). Bei der so ungeheuer silberfreundlichen Vergangenheit des demokratischen Kandidaten scheint es offenbar aus parteitaktischen Gründen für unmöglich gehalten worden zu sein, die Forderung der Silberfreiprägung einfach fallen zu lassen. Bryan, der bisher sich als sehr gesinnungstüchtig gezeigt hat und von seinem Standpunkte in der Währungsfrage während der letztvergangenen vier Jahre auch nicht um Haaresbreite abgewichen ist, soll jedoch, wenn anders die Zeitungsberichte wahr sind, im bisherigen Verlauf des Wahlkampfes die Silberfrage auffällig vernachlässigt und stundenlange Reden gehalten haben, in welchen das Wort »Silber« gar nicht vorkommt. Nach alledem gewinnt die Versicherung einflussreicher demokratischer Blätter in den Oststaaten, dass das jüngt erlassene Reformgesetz selbst im Falle der Wahl Bryans zum Präsidenten und der Bildung einer demokratischen Mehrheit in beiden Häusern des Kongresses Bestand haben werde, einigermassen an Wahrscheinlichkeit. Die republikanische Partei ist freilich eifrig bemüht, solchen Optimismus zu zerstören und die Silberfrage als die Kernfrage des Wahlkampfes hinzustellen, und so ist es nicht unmöglich, dass die Demokraten ein wenig wider Willen zum zweiten Mal in einen Kampf um die Währung hineingerissen werden, in welchem sie aller Voraussicht nach unterliegen müssten.

Ist in der Haltung der demokratischen Partei, was die Währungsfrage anlangt, eine erfreuliche Wendung wenigstens angedeutet, so ist doch ihre Stellungnahme zur Papiergeld- und Bankfrage absolut unverändert geblieben.

Der auf das Bankwesen bezügliche Teil des Gesetzes vom 14. März 1900 gab Veranlassung zu einer mächtigen gegen die Nationalbanken gerichteten »Planke«. Es wird die sofortige Einziehung aller Nationalbanknoten begehrt, aber nur, um so rasch als möglich »Staatspapiergeld und Silbercertifikate dafür zu substituiren«.

Bryan hat seiner Gegnerschaft gegen das Nationalbanksystem in der ihm eigenen prägnanten Weise Ausdruck verliehen[1]): »Papiergeld, ausgegeben und kontrolliert durch

---

[1]) Ueber die Reformbill selbst urteilt er folgendermassen: »Die Nationalbanken, welchen jetzt gestattet ist, Noten bis zu 90 % nominell der hinterlegten Bonds zu emittieren, sollen das Recht erhalten, bis zu pari zu emittieren. Die 1 prozentige Steuer soll auf einen kleinen Bruchteil reduziert werden. Das gemeine Volk, das keine besondere Bevorzugung geniesst, seufzt unter einer steigenden Steuerlast, während die Banken, welche sich besonderer Privilegien erfreuen, entlastet werden. Wenn ein Arbeiter, ein Farmer, ein Handwerksmann oder ein Beamter genug Geld erspart hat, um eine Staatsobligation zu kaufen, verliert er die Verfügung über das in dem Bond investierte Kapital und muss mit dem Zins zufrieden sein, den der

Banken und gesichert durch Regierungsbonds, schafft einen Papiergeldtrust«.

Solche Auslassungen machen natürlich auf die Massen einen grossartigen Eindruck; aber es ist tief bedauerlich, dass der Mann, von dem die Lösung der Trustfrage erwartet wird, von dem Wesen eines Trusts eine solch verschwommene Vorstellung hat[1]).

Uebrigens ist die Stellungnahme der demokratischen Partei zur Papiergeld- und Bankfrage keine einheitliche.

Bei einem grossen Teil, insbesondere bei den Anhängern der Partei in den Südstaaten, sind die Greenbacks und Nationalbanknoten gründlich verhasst. Vor Allem deshalb, weil sie republikanische Schöpfungen und Errungenschaften des Bürgerkrieges sind; die Greenbacks insbesondere gelten als verfassungswidrig, weil die Konstitution die Papiergeldausgabe nicht nur den Einzelstaaten, sondern auch der Bundesregierung schlechthin verbiete. Ein anderer Gesichtspunkt, welcher die Stellungnahme dieses Teils der demokratischen Partei beeinflusst, ist die Tradition aus der Zeit Jeffersons und namentlich Jacksons. Ersterer hat allerdings die Gründung einer Bundesbank gegen Hamilton als verfassungswidrig bekämpft, aber später als Präsident die Konsequenzen seines Standpunktes nicht gezogen. Er hat nämlich verschiedene Gesetze unterzeichnet, durch welche neue Filialen der Bundes-

---

Bond ihm trägt. Aber einer Nationalbank ist nach dem projektierten Gesetze gestattet, ihr Kapital in Bonds anzulegen und dann gegen Hinterlegung dieser Bonds sich Noten zu verschaffen bis zum Nominalwerthe derselben. Sie erhält auf diese Weise einen Gegenwert fur das investierte Kapital, während dieses fortfahrt, Zinsen zu tragen. Der gewöhnliche Mensch kann seinen Kuchen essen oder aufheben, die Nationalbank kann beides — sie kann den Kuchen verspeisen und behalt ihn doch«.

[1]) Das Notenemissionsrecht der Nationalbanken ist weder ein »Monopol« — denn jede beliebigen fünf Personen, die $25000 Kapital aufbringen, konnen dieses Recht durch Gründung einer Nationalbank erwerben — noch bilden die Banken einen Trust d. h. einen mit grossem Kapital arbeitenden Unternehmerverband zwecks willkürlicher Preisbestimmung einer Ware. Es konnte sich ja doch nur um Beeinflussung des Preises für die Nutzung flüssigen Kapitals in Form von Geld, d. h. des Diskonts handeln. Dieser wird aber durchaus nicht durch einen »Geldtrust« bestimmt, wie viele Leute in den Vereinigten Staaten glauben oder zu glauben vorgeben.

bank zugelassen wurden. Jackson aber war ein wütender Feind alles weichen Geldes und hasste die Banken von Grund seines Herzens; an ihn knüpft daher naturgemäss derjenige Flügel der Partei hauptsächlich an, der alles weiche Geld grundsätzlich verabscheut.

Diesen »Jacksonianern«, welche den alten, historischen Standpunkt der Partei mit Konsequenz festhalten, steht der aus der Verbindung mit den Populisten hervorgegangene jüngere, linke Flügel der Partei in seinen Anschauungen diametral gegenüber. Dieser linke Flügel, der im letzten Wahlkampf die charakteristische Bezeichnung »Popokratie« erhalten hat, schöpft seine Ideale aus der Zeit der »Greenbacker«. Er erwartet alles Heil von einer fortgesetzten Vermehrung des Staatspapiergelds und betrachtet selbst den »Dollar der Väter« noch als teures Geld.

Das Parteiprogramm sucht zwischen diesen sich diametral widersprechenden Standpunkten der »Metalltemperenzler« einer- und der »Fiatisten«[1]) andererseits zu vermitteln[2]) und diesen Standpunkt nimmt auch Bryan ein. Man kann aber nicht sagen, dass die Paarung von Sprödem und Zartem im Schosse der Partei einen besonders guten Klang giebt. Die so entgegengesetzten Bestrebungen treffen in dem nachdrücklichen Verlangen zusammen, dass alles Geld — hart oder weich — von der Regierung der Vereinigten Staaten ausgegeben d. h. dass den Privatbanken das Notenemissionsrecht entzogen werden soll. Darum findet von dieser Seite auch die Idee der Errichtung einer rein staatlichen Bundesbank einige Unterstützung.

Aus dieser Zusammenstellung der Haltung der ausschlaggebenden politischen Faktoren in der Papiergeld- und Bankfrage ergiebt sich, dass wenig Aussicht dafür vorhanden ist, dass in der nächsten Zukunft etwas Durchgreifendes im Sinne der Reform geschehen wird. Siegt die republikanische Partei im nächsten Wahlkampf, so ist nicht ausgeschlossen, wenn auch nicht gerade wahrscheinlich, dass den Nationalbanken weitere Erleichterungen der Notenemission gewährt, vielleicht sogar die

---

[1]) Von »fiat money« — »es werde Geld!«

[2]) Die zielbewussten Populisten, die sogen. »Mitten-auf-dem-Wegemänner« wollen freilich von Vermittlung nichts wissen, und haben deshalb in Wharton Barker ihren eigenen Prasidentschaftskandidaten aufgestellt.

Greenbacks allmählich eingezogen werden. Siegt die demokratische Partei, so wird schon viel gewonnen sein, wenn die bescheidenen Reformen, welche jetzt glücklich unter Dach gebracht sind, keine Anfechtung erleiden.

Der gründlichen Reform der amerikanischen Geldverfassung, insbesondere der Gründung einer zentralen Notenbank müsste nicht nur noch eine weitere Erziehung der öffentlichen Meinung, sondern auch eine radikale Aenderung der politischen Methoden vorausgehen.

In beiden Richtungen sind in den Vereinigten Staaten seit einer Reihe von Jahren wohl unterrichtete und patriotische Männer aufs Eifrigste thätig. Sie sind bestrebt, die von den Berufspolitikern gezüchteten Vorurteile zu bekämpfen, die Bürger von dem dominierenden Einfluss der Maschinenpolitiker zu befreien, den Beamtendienst zu reorganisieren und mit all den Schäden aufzuräumen, die mit dem »Beutesystem«, dem Grundübel der amerikanischen Politik, verknüpft sind.

Hoffentlich werden ihre Bemühungen von Erfolg gekrönt sein. Dann wird auch die Reform der Geldverfassung, wie jede Reform, die das Gesamtwohl erheischt, nicht mehr mit solch unsäglichen Mühen und Schwierigkeiten zu kämpfen haben, wie heute.

I.

Uebersicht der Entwicklung des Notenbankwesens in den Vereinigten Staaten von 1834—1863.

| | | Millionen Dollars. | | | | | | Millionen Dollars. | | | |
|---|---|---|---|---|---|---|---|---|---|---|---|
| Jahr | Zahl der Banken | Kapital | Notenzirkulation | Depositen | Anlagen | Jahr | Zahl der Banken | Kapital | Notenzirkulation | Depositen | Anlagen |
| 1834 | 506 | 200,0 | 94,8 | 75,6 | 324,1 | 1849 | 782 | 207,3 | 114,7 | 91,1 | 332,3 |
| 1835 | 704 | 231,2 | 103,6 | 83,0 | 365,1 | 1850 | 824 | 217,3 | 131,3 | 109,5 | 364,2 |
| 1836 | 713 | 251,8 | 140,3 | 115,1 | 457,5 | 1851 | 879 | 227,8 | 155,1 | 128,9 | 413,7 |
| 1837 | 788 | 290,7 | 149,1 | 127,3 | 525,1 | 1852 | 750 | 207,9 | 146,0 | 145,5 | 408,9 |
| 1838 | 829 | 317,6 | 116,1 | 84,6 | 485,6 | 1853 | 1208 | 301,3 | 204,6 | 188,1 | 557,3 |
| 1839 | 840 | 327,1 | 135,1 | 90,2 | 492,2 | 1854 | 1307 | 332,1 | 186,9 | 190,4 | 576,1 |
| 1840 | 901 | 358,4 | 106,9 | 75,6 | 462,8 | 1855 | 1398 | 343,8 | 195,7 | 212,7 | 634,1 |
| 1841 | 784 | 313,6 | 107,2 | 64,8 | 386,4 | 1856 | 1416 | 370,8 | 214,7 | 230,3 | 684,4 |
| 1842 | 692 | 260,1 | 83,7 | 62,4 | 323,9 | 1857 | 1422 | 394,6 | 155,2 | 185,9 | 583,1 |
| 1843 | 691 | 228,8 | 58,5 | 56,1 | 254,5 | 1858 | 1476 | 401,9 | 193,3 | 259,5 | 657,1 |
| 1844 | 696 | 210,8 | 75,1 | 84,5 | 264,9 | 1869 | 1562 | 421,8 | 207,1 | 253,8 | 691,9 |
| 1845 | 707 | 206,0 | 89,6 | 88,0 | 288,6 | 1860 | 1601 | 429,5 | 202,0 | 257,2 | 696,7 |
| 1846 | 707 | 196,8 | 105,5 | 96,9 | 312,1 | 1861 | 1492 | 418,1 | 183,7 | 296,3 | 646,6 |
| 1847 | 715 | 203,0 | 105,5 | 91,7 | 310,2 | 1862 | 1466 | 405,0 | 238,6 | 393,6 | 648,6 |
| 1848 | 751 | 204,8 | 128,5 | 103,2 | 344,4 | | | | | | |

## II.

Uebersicht der Entwicklung des Nationalbanksystems seit der Begründung.

| Jahr | Zahl der Banken | Kapital (Millionen Dollars) | Notenzirkulation (Millionen Dollars) | Depositen (Millionen Dollars) | Anlagen (Millionen Dollars) | Jahr | Zahl der Banken | Kapital (Millionen Dollars) | Notenzirkulation (Millionen Dollars) | Depositen (Millionen Dollars) | Anlagen (Millionen Dollars) |
|---|---|---|---|---|---|---|---|---|---|---|---|
| 1863 | 66 | 7,2 | — | 8,5 | 5,5 | 1882 | 2269 | 483,1 | 314,7 | 1134,9 | 1243,2 |
| 1864 | 508 | 86,8 | 45,2 | 122,2 | 93,2 | 1883 | 2501 | 509,7 | 310,5 | 1063,6 | 1309,2 |
| 1865 | 1513 | 393,2 | 171,3 | 549,0 | 487,2 | 1884 | 2664 | 524,3 | 289,8 | 989,3 | 1245,3 |
| 1866 | 1644 | 415,5 | 280,3 | 598,0 | 603,3 | 1885 | 2714 | 527,5 | 268,9 | 1116,6 | 1306,1 |
| 1867 | 1642 | 420,1 | 293,9 | 568,2 | 609,7 | 1886 | 2852 | 548,2 | 228,7 | 1189,5 | 1451,0 |
| 1868 | 1643 | 420,6 | 295,8 | 603,1 | 657,7 | 1887 | 3049 | 578,5 | 167,3 | 1274,7 | 1587,5 |
| 1869 | 1617 | 426,4 | 293,6 | 523,0 | 682,9 | 1188 | 3140 | 592,6 | 151,7 | 1406,4 | 1684,2 |
| 1870 | 1615 | 430,4 | 291,8 | 512,8 | 715,9 | 1889 | 3290 | 612,6 | 128,4 | 1522,0 | 1817,3 |
| 1871 | 1767 | 458,3 | 315,5 | 626,8 | 831,6 | 1890 | 3540 | 650,4 | 122,9 | 1594,2 | 1986,1 |
| 1872 | 1919 | 479,6 | 333,5 | 625,6 | 877,2 | 1891 | 3677 | 677,4 | 131,3 | 1608,6 | 2005,5 |
| 1873 | 1976 | 491,1 | 339,1 | 638,6 | 944,2 | 1892 | 3773 | 686,6 | 143,4 | 1779,3 | 2171 0 |
| 1874 | 2004 | 493,8 | 333,2 | 680,3 | 954,4 | 1893 | 3781 | 678,5 | 182,9 | 1465,4 | 1843,6 |
| 1875 | 2088 | 504,8 | 318,3 | 675,4 | 984,7 | 1894 | 3755 | 668,9 | 172,3 | 1712,2 | 2007,1 |
| 1876 | 2089 | 499,8 | 291,5 | 662,4 | 931,3 | 1895 | 3712 | 657,1 | 182,5 | 1715,2 | 2041,8 |
| 1877 | 2080 | 479,5 | 291,9 | 626,7 | 891,9 | 1896 | 3676 | 648,5 | 209,9 | 1631,1 | 1893,2 |
| 1878 | 2053 | 466,1 | 301,9 | 665,2 | 834,0 | 1897 | 3610 | 631,5 | 198,9 | 1869,5 | 2066,7 |
| 1879 | 2048 | 454,1 | 313,8 | 734,2 | 878,5 | 1898 | 3585 | 621,5 | 194,5 | 2106,6 | 2172,5 |
| 1880 | 2090 | 457,6 | 317,3 | 884,4 | 1041,0 | 1899 | 3595 | 605,8 | 200,3 | 2523,5 | 2496,7 |
| 1881 | 2132 | 463,8 | 320,2 | 1083,1 | 1173,8 | 1900[1]) | 3858 | 631,1 | 286,4 | — | — |

[1]) Bis 31. Juli.

## III.

Uebersicht der Entwicklung des Depositenbankwesens in den Vereinigten Staaten seit 1889.

| A. Nationalbanken. (Millionen Dollars.) | Zahl der Banken | Depositen | Anlagen | D. Sparkassen. (Millionen Dollars.) | Zahl der Banken | Depositen | Anlagen |
|---|---|---|---|---|---|---|---|
| 12. Juni 1889 | 3239 | 1442 | 1779 | 12. Juni 1884 | 849 | 1444 | 803 |
| 18. Juli 1894 | 3770 | 1678 | 1944 | 18. Juli 1894 | 1024 | 1778 | 1027 |
| 30. Juni 1899 | 3583 | 2522 | 2508 | 30. Juni 1899 | 942 | 2182 | 1099 |
| **B. Staaten- und Privatbanken.** | | | | **E. Alle [1])Banken ausser Nationalbanken.** | | | |
| 12. Juni 1889 | 2995 | 590 | 601 | 12. Juni 1889 | 3964 | 2334 | 1696 |
| 18. Juli 1894 | 4490 | 724 | 739 | 18. Juli 1894 | 5738 | 2973 | 2141 |
| 30. Juni 1899 | 4947 | 1229 | 962 | 30. Juni 1899 | 6149 | 4246 | 2660 |
| **C. Leihkassen und Trustcompagnieen.** | | | | **F. Alle [1]) Banken zusammen.** | | | |
| 12. Juni 1889 | 120 | 300 | 292 | 12. Juni 1889 | 7203 | 3776 | 3475 |
| 18. Juli 1894 | 224 | 471 | 375 | 18. Juli 1894 | 9508 | 4651 | 4085 |
| 30. Juni 1899 | 260 | 835 | 599 | 30. Juni 1899 | 9732 | 6768 | 5168 |

[1]) Ausser ca. 3000 Banken, welche keinen Bericht erstatteten. Ihre Depositen wurden auf 745 Mill. Doll., ihre Anlagen auf 583 Mill. Doll. geschätzt.

# Verzeichnis der hauptsächlich benutzten Literatur.


Reports of the Secretary of the Treasury.

Reports of the Comptroller of the Currency.

Reports of the Director of the Mint.

Monthly summaries on the condition of Trade and Finance. Herausgegeben vom statistischen Amte der Vereinigten Staaten. Jahrgang 1900.

Sound Currency published semimonthly by the Sound Currency Committee of the Reform Club. Verschiedene Jahrgange.

Money a Monthly Magazine. Jahrgang 1900.

Falkner, The Currency Law of 1900. Philadelphia 1900.

Laughlin, The History of Bimetallism in the United States. New-York, 1894.

—, Report of the Monetary Commission of the Indianapolis Convention. Chicago 1898.

Prager, Die Währungsfrage in den Vereinigten Staaten von Nordamerika. Stuttgart 1897.

Taussig, The Silver Situation in the United States. New-York 1892.

White, H., Money and Banking illustrated by American History. Boston and London 1895.


## Berichtigungen.

Auf Seite 30 Zeile 25 ist zu lesen: »keine Vermehrung« statt: »weitere Reduktion«.

Seite 62 Zeile 23 u. 24: »1893 — 1896 und 463 Millionen« statt: »1890 — 1896 und 746 Millionen«.

Seite 72 Zeile 15 u. 16: »nicht hinreichend vermehrt worden« statt: »nahezu unverandert geblieben«.

FSC
www.fsc.org
MIX
Papier | Fördert
gute Waldnutzung
FSC® C083411

Kolibri 360 GmbH
Ferdinand-Jühlke-Straße 7
99095 Erfurt, Deutschland
produktsicherheit@kolibri360.de